LIEBLINGS
ESSEN

NATALIE STADELMANN

LIEBLINGS ESSEN

Schnelle und
gesunde Rezeptideen
für kleine Kinder

Mit einem Vorwort
von Ingeborg Stadelmann

Inhalt

Vorwort von Ingeborg Stadelmann 7

Gesund essen wie die Großen 8
Grundlagen der Kinderernährung 9

Der Warenkompass für den Einkauf 20
Kleine Lebensmittelkunde 21

Lieblingsrezepte 36
Frühstücksideen 38
Feine Süppchen 44
Vegetarische Hauptspeisen 49
Hauptgerichte mit Fleisch 58
Fischgerichte 66
Süße Hauptspeisen 72
Feine Nachtische, Snacks und Knabbereien 74
Für zwischendurch und unterwegs 84
Leckeres aus der kalten Küche 97
Bunte Aufstriche 104
Basics 113
Blitzschnell auf den Tisch 120

Kochen für Meckermäuler 122
Wenn Kinder am Essen mäkeln 123

Nahrung ist Medizin 130
Ernährung in besonderen Situationen 131

Anhang 140
Rezeptregister 140
Stichwortregister 142
Impressum 144

Vorwort

Was darf mein Kind essen? Was ist gesund, welches Essen schmeckt gut, wie bereite ich das Essen kindgerecht zu? Diese Fragen stellen sich junge Eltern seit Generationen. Dieses Buch liefert Antworten. Kompetent klärt die Autorin auf, was Kinder in welchem Alter essen dürfen, und wie es am besten zubereitet wird.

Natürlich spielt dabei die Qualität der Lebensmittel eine besonders wichtige Rolle. Sie ist mitentscheidend dafür, dass das Essen schmeckt und den Kindern Spaß macht. Denn dann treffen sich alle gerne am Esstisch. Mit jeder Zeile ist zu lesen: Dieses Buch ist nicht in der Theorie entstanden, sondern am Küchenherd, mit Kindern und für Kinder.

Junge Eltern können heute oft nicht mehr auf erlerntes Kochen zurückgreifen. Hier möchte ich ein altes Sprichwort einmal abändern: »Was Hänschen nicht lernt, lernen Eltern mit ihren Kindern Hänsel und Gretel dann doch noch!« Dieses Buch kann dabei tatsächlich helfen, denn es zeigt, dass gutes und kinderfreundliches Kochen gar nicht so schwierig ist. Sie lesen in kurzer, prägnanter Form das Wichtigste über gesunde Ernährung und vor allem, wie diese selbst farbenfroh und schmackhaft zubereitet werden kann. Es finden sich einfache Rezepte vom Pfannkuchen bis hin zum Appetitmacher »Fliegenpilz«, der aus dem Ei gepellt wird. Ein Buch, das das Nudelnkochen lehrt und viele vollwertige vegetarische Rezepte enthält – und das verrät, wie Eltern ihren Kindern mit dem »Zauberzucker« das Essen versüßen.

Es bleibt dem Buch zu wünschen, dass es bei vielen Familien mit Kindern Einzug hält. Vielleicht greift auch so manche Oma oder so mancher Opa nochmal zum Kochbuch. Es ist außerdem zu empfehlen für Kindergärten und Schulen und überall dort, wo mit den Kindern zusammen gekocht wird.

Viel Freude und Spaß dabei wünscht Ihnen
Ihre

Ingeborg Stadelmann

Grundlagen der Kinderernährung

Gesunde Ernährung von klein auf

Der Übergang von der Beikost- und Breizeit zu einer gesunden und ausgewogenen Kinderkost stellt für viele Familien eine große Herausforderung dar. Kleinkinder haben nun alle Fähigkeiten zum Essen entwickelt, können oft schon geschickt mit Löffel und Gabel umgehen und sind ungemein neugierig auf die vielen Nahrungsmittel und Speisen, die ihnen angeboten werden. Daher ist es wichtig, Kinder in den ersten Lebensjahren an eine natürliche, ausgewogene und gesunde Kost sowie einen entspannten, aber bewussten Umgang mit Lebensmitteln heranzuführen. Diese ersten Ess- und Geschmackserfahrungen prägen ein Leben lang und stellen die Weichen für gesunde Ernährungsgewohnheiten.

»*Geboren wird nicht nur das Kind durch die Mutter, sondern auch die Mutter durch das Kind.*« Gertrud von Le Fort (1876–1971). Dieses schöne Sprichwort lässt sich ebenso auf die Ernährung von Kindern übertragen. Auch die Eltern und Erziehungsberechtigten sind gefordert, sich wieder auf neue, vielleicht ungewohnte Geschmackseindrücke einzulassen, ihr Ernährungsverhalten zu reflektieren und ihre Gaumen auf Entdeckungsreise zu schicken. Kinder wollen in den ersten Lebensjahren vor allem eines: entdecken, erleben und nachahmen. Deshalb ist es von entscheidender Bedeutung, dass die betreuenden Personen, ob Eltern, Großeltern, Geschwister oder auch KiTa- und KiGa-ErzieherInnen, mit gutem Beispiel vorangehen und ein gesundes Ernährungsverhalten aktiv vorgelebt und umgesetzt wird. Das bedeutet auch, dass Mahlzeiten gemeinsam und in angenehmer Atmosphäre eingenommen werden, und die kleinen Esser nicht zu anderen Zeiten und mit separaten Kindergerichten »abgespeist« werden. Aus diesem Grund sind die Rezepte in diesem Buch ausdrücklich immer für Erwachsene UND Kinder.

Nehmen Sie sich Zeit für gemeinsame Mahlzeiten und genießen Sie mit Ihrem Kind dessen kulinarisches Abenteuer.

> Gemeinsam gesund genießen. In den ersten Lebensjahren prägt sich das Essverhalten von Kindern nach dem Vorbild der »Großen«.

Ernährungsformen

Dieses Buch distanziert sich von den unzähligen verbreiteten Low-Fat, Low-Carb- etc. Diätformen. Es möchte auch keine Empfehlung zur fleischlosen, veganen, kuhmilchfreien oder sonstigen »alternativen« Ernährungsform geben. Viele Wege führen zu einer gesunden und ausgewogenen Ernährung, und es ist das Recht und die Aufgabe eines jeden selbst, nach individuellen Bedürfnissen, Vorlieben und der eigenen Überzeugung entsprechend die Nahrungsmittel auszuwählen. Nur eine Empfehlung sei klar und von Herzen ausgesprochen: Genießen Sie Ihre Nahrung nach Möglichkeit so unverändert und wertvoll, wie die Natur sie uns bereitstellt. Kinder benötigen keine speziellen Kostformen oder Lebensmittel, kein Functional Food und keine mit diversen Vitaminen und Mineralstoffen angereicherten Produkte. Vertrauen Sie auf die natürliche Intuition Ihres Kindes und unterstützen sie diese mit saisonal frischen und hochwertigen Nahrungsmitteln.

> Kinder benötigen keine speziellen Kostformen oder Lebensmittel. Was zählt, sind Frische, Qualität und Natürlichkeit der Nahrung.

Was braucht mein Kind?

Für viele Eltern ist es oftmals schwer, die Ernährung ihres Kindes objektiv zu beurteilen. Natürlich, rein äußerlich kann man bald erkennen, ob aus dem Wonneproppen langsam ein Fettklößchen oder eher ein spargeldünner Suppenkasper wird.

Als Richtwert für die Entwicklung des Körpergewichts dient der Body-Mass-Index, BMI. Er wird berechnet aus dem Quotienten tatsächliches Gewicht (in kg) geteilt durch Körpergröße (in Meter) im Quadrat. Um den Index einschätzen zu können, gibt es Tabellen, die angeben, wie hoch der BMI je nach Altersgruppe sein darf und wann Unter- oder Übergewicht vorliegt. Für Kinder im Alter von 1–6 Jahren liegt der gesunde BMI zwischen 14 und 18.

Anschaulich dargestellte Werte findet man für den BMI in sogenannten Perzentilkurven, in denen nach Lebensalter und Geschlecht dargestellt ist, in welchem Bereich bezüglich Größen-/Gewichts-Verhältnis die Werte des Kindes liegen sollte. Diese Perzentilkurven sind auf der hinteren Klappe des Buches abgebildet.

> Gewicht und Statur allein sind noch kein Hinweis auf eine ausgewogene und gesunde Ernährung des Kindes.

Gewicht und Statur allein sind noch kein Hinweis auf eine gesunde Ernährung. Auch ein normalgewichtiges Kind kann infolge falscher Lebensmittelauswahl und -kombination durchaus unausgewogen und mangelernährt sein. Nicht nur Über- oder Untergewicht, auch einseitige Ernährung sind ein in unserer Industriegesellschaft immer größer werdendes Problem.

Empfehlungen zur Nährstoffzufuhr

Laut der führenden Ernährungsgesellschaften von Deutschland, Österreich und der Schweiz benötigen Kinder im Alter von 1–4 Jahren ca. 1000–1100 kcal pro Tag, von 4–7 Jahren 1400–1500 kcal pro Tag. Der Bedarf an energieliefernden Nährstoffen beträgt dabei 13–18 g pro Tag Eiweiß, 38,9–54,2 g pro Tag Fette und 117,5–196,9 g pro Tag Kohlenhydrate. Diese Angaben werden abhängig vom Geschlecht gemacht, Jungen benötigen laut Zufuhrempfehlungen etwas mehr Energie, Fette und Kohlenhydrate (siehe hierzu die Tabelle auf Seite 12). Prozentual gesehen sollte das Verhältnis der Eiweiße, Fette und Kohlenhydrate an der Energiezufuhr etwa folgendermaßen aussehen: 15 % EW, 30–35 % Fett, 50–55 % KH.

> Wichtiger als das Zählen von Kalorien sind eine ausgewogene Auswahl und die Zusammenstellung der Lebensmittel.

Obst und Gemüse enthalten viele für Kinder wichtige Nährstoffe. Daher sollen diese Vitalstofflieferanten täglich auf dem Speiseplan stehen.

Referenzwerte für Kinder von 1–4 und 4–7 Jahren

	männlich	weiblich
Energie kcal pro Tag		
1–4 Jahre	1100	1000
4–7 Jahre	1500	1400
Eiweiß g pro Tag		
1–4 Jahre	14	13
4–7 Jahre	18	17
Fette g pro Tag		
1–4 Jahre	42,8	38,9
4–7 Jahre	54,2	50,5
Kohlenhydrate g pro Tag		
1–4 Jahre	129,3	117,5
4–7 Jahre	196,9	183,8

Diese Referenzwerte stellen allerdings in erster Linie graue Theorie dar und dienen mehr als grobe Orientierungshilfe. Es ist wohl unrealistisch, die Mahlzeiten seines Kindes anhand von Energiebedarf und Nährstoffgehalt zu berechnen.

Für den Alltag entscheidender ist die Individualität jedes Kindes, wie z. B. sein Tagesablauf sowie sein Schlaf- und Bewegungsverhalten und die Auswahl und Zusammenstellung der richtigen Lebensmittel. Auch bei Krankheiten und Wachstumsschüben kann der Nährwertbedarf über einen bestimmten Zeitraum ganz erheblich von diesen Referenzwerten abweichen. Dementsprechend kann auch der Appetit Ihres Kindes von Mahlzeit zu Mahlzeit und von Tag zu Tag schwanken. Dies sollten Sie immer im Hinterkopf haben, vor allem wenn Ihr Kind einmal eine »schlechte« Essphase hat. Zu große Portionen oder gar erzwungenes Essen ohne Hunger sind nur kontraproduktiv und führen oft zu einer verstärkten Ablehnung. Mehr dazu finden Sie ab Seite 122 im Kapitel »Kochen für Meckermäuler«.

Raus in die Natur! Begeistern Sie Ihr Kind für ein aktives und bewegungsreiches Leben.

Bewegung zählt!

Das individuelle Bewegungsverhalten und damit der aktive Energieverbrauch jedes Kindes ist für die Ernährung von Bedeutung. Kinder, die die Möglichkeit zum aktiven Spielen haben, benötigen mehr Energie als kleine Couch-Potatoes, die schon im Kleinkindalter viel Zeit vor dem Fernsehgerät und dem Computer verbringen. Leider zeigt der Alltag oftmals genau dieses Bild und auch die Spielwaren- und Filmindustrie möchte uns von frühzeitiger Förderung anhand von Kinderelektronik, animierten Musikinstrumenten oder Baby-TV überzeugen. Dabei ist es viel wichtiger, den natürlichen Entdecker- und Bewegungsdrang der Kinder zu fördern, mit ihnen zu toben und zu turnen und vor allem draußen, in der Natur oder im Park, die Umwelt zu erkunden. Und wie beim Essverhalten gilt auch bei der Bewegung: mit gutem Beispiel vorangehen, denn Kinder lernen von ihren Eltern, ahmen diese nach und übernehmen sowohl gesunde als auch ungesunde Verhaltensmuster.

Auswahl und Zusammenstellung der Lebensmittel

Verschiedene auf dem Markt befindliche Ernährungsmodelle helfen bei der Auswahl und Zusammenstellung unserer Nahrungsmittel. Sie zeigen in anschaulicher Weise, in welchen Mengen die Lebensmittel für eine gesunde und ausgewogene Ernährung von Bedeutung sind. Dabei gilt: Die richtige Mischung und die richtige Menge machen eine gesunde Ernährung aus.

Eine ausgewogene Einteilung der Lebensmittel für Kinder kann folgendermaßen aussehen:

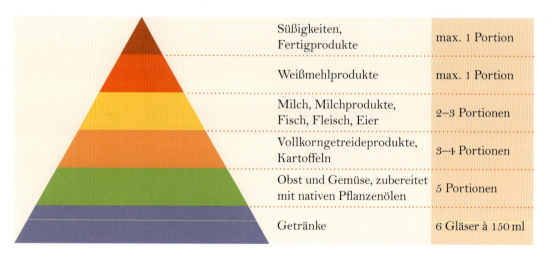

Oftmals werden die Mengen für Kinder ganz falsch eingeschätzt. Mit der Hand-Portionsgröße haben Sie ein ungefähres Maß, wie viel Ihr Kind über den Tag verteilt aus den einzelnen Lebensmittelgruppen benötigt. So ist zum Beispiel der Bedarf an Obst und Gemüse mit zwei Apfelschnitzen, einer Handvoll Beeren, einer Karotte, einer mittelgroßen Tomate und drei bis vier Esslöffeln Erbsen ausreichend abgedeckt. Daneben ist die erlaubte Menge an Süßigkeiten mit fünf Gummibärchen, einem Keks oder einem kleinen Stück Kuchen auch schnell erreicht. Strikte Verbote nutzen meist wenig, das richtige Maß ist, was zählt.

Grundlagen der Kinderernährung

So können die Portionen beispielsweise über die Mahlzeiten verteilt werden:

Frühstück	1 Portion Obst 1 Portion Getreideflocken 1 Portion Milch 1 Tasse Tee
Vormittag	1 Portion Obst oder Gemüse zum Knabbern 1 Portion Joghurt 1 Portion Brötchen mit Butter 1 Glas Wasser
Mittagessen	1 Portion Gemüse, gekocht mit Pflanzenöl 1 Portion Kartoffeln 1 Portion Fleisch 1 Glas Schorle
Nachmittag	1 Portion Obst 1 Portion Süßes 2 Gläser Wasser
Abendessen	1 Portion Gemüse, roh mit Pflanzenöl 1 Portion Brot 1 Portion Käse 1 Tasse Tee

> Das richtige Maß: Eine Handvoll entspricht der Portionsgröße für ein Lebensmittel.

Essen mit Genuss und allen Sinnen

Die »Feinheiten« und das besondere Aroma jedes einzelnen Nahrungsmittels nehmen wir über unsere Nase wahr. Dies geschieht bei etwa 80 % unserer Geschmackseindrücke. Die Nase kann über 10.000 verschiedene Gerüche unterscheiden, leitet diese Eindrücke weiter ins Gehirn, wo sie unter anderem in unserem limbischen System mit emotionalen Eindrücken verknüpft werden. Das limbische System ist auch für die Ausschüttung von Glücksbotenstoffen, sogenannten Endorphinen, verantwortlich. Umso klarer wird da-

> Unsere Nase isst mit und prägt in Verbindung mit emotionalen Erlebnissen unsere Geschmacksvorlieben.

Gesund essen wie die Großen

> Unsere Zunge erkennt fünf verschiedene Geschmacksrichtungen: süß, sauer, salzig, bitter und umami.

durch die Bedeutung von Genuss, Glücksgefühlen und Entspannung, die durch beliebte Nahrungsmittel hervorgerufen werden. Sorgen Sie deshalb für positive Emotionen im Umgang mit Essen, denn diese können ein Leben lang bestehen bleiben.

Was jedem Einzelnen jedoch gut oder weniger gut mundet, hängt vor allem von der individuellen Geschmacksprägung, aber auch von genetischen und kulturellen Faktoren ab. Schon im Mutterleib wird das Ungeborene über das Fruchtwasser mit dem Geschmack der mütterlichen Nahrung konfrontiert. Beim Stillen geht die Geschmacksprägung über die Muttermilch weiter. Die Vorliebe für Süßes und die Abneigung gegen Bitteres ist angeboren und ein natürlicher Wegweiser für die gut verfügbare Energie in Form von Kohlenhydraten/Zuckern und dienen dem Schutz vor giftigen oder schädlichen Früchten und Speisen. Schon die Muttermilch schmeckt leicht süßlich und setzt so diese in die Wiege gelegte Prägung fort.

Mit der Beikost beginnt dann die spannende Zeit der vielfältigen und neuen Geschmackserlebnisse, und für die Kinder öffnet sich das Tor in eine schier unermessliche Welt von kulinarischen Eindrücken. Es macht einen großen Unterschied, ob Kinder in dieser Zeit eine Vielzahl natürlicher und unverfälschter Nahrungsmittel oder den Einheitsgeschmack industrieller Fertigprodukte erleben dürfen. Bis hinein ins zweite Lebensjahr entwickelt sich zudem die Vorliebe für Salziges. Bevorzugen Sie beim Einkauf ein hochwertiges Vollsalz, wie Meersalz, Ursalz oder Salinensalz, welches neben Natriumchlorid noch andere Mineralstoffverbindungen enthält. Oder verwenden Sie gleich eine gesunde selbst gemachte Würzmischung (siehe Rezept Seite 114).

> Schon im Mutterleib und während der Stillzeit wird der Geschmack eines Kindes individuell geprägt.

Ob wir ein herzhaftes Frühstück aus Eiern, Speck und Bohnen, ein vollwertiges Müsli mit Getreide, Obst und Milchprodukten oder süßes Gebäck mit anregendem Kaffee zum Start in den Tag benötigen, hängt meist von unserer kulturellen Prägung ab. So sind die Nahrungspräferenzen in den verschiedenen Ländern zum Teil sehr unterschiedlich, und unsere Umwelt hat einen entscheidenden Einfluss auf unser Ernährungsverhalten. Die Essgewohnheiten, Vorlieben und Abneigungen in der Familie entscheiden zu einem großen

Teil darüber, welche Speisen ein Kind kennenlernt und für welche Vorlieben es konditioniert wird. Man spricht hier auch vom Effekt des bloßen Kontakts oder **mere exposure effect**, welcher bedeutet, dass allein durch wiederholtes Angebot oder wiederholte Darbietung die Einstellung eines Menschen zu bestimmten Dingen positiv beeinflusst werden kann. Dies erklärt auch den gravierenden Einfluss von Werbung auf das Konsumverhalten unserer Kinder: Sieht ein Kind ein Produkt nur häufig genug im Fernsehen, Supermarkt oder bei Gleichaltrigen, bewertet es dieses als sicher und somit positiv. Vermeiden Sie deshalb den frühzeitigen und häufigen Kontakt mit Kinderlebensmitteln und Medien und bieten Sie Ihrem Kind dafür regelmäßig selbst zubereitete und liebevoll angerichtete Speisen an.

Denn nicht nur die Zunge und die Nase, auch Augen, Ohren und Finger sind wichtig für ganzheitliches und genussvolles Essen. Schon aufgrund der Farbe einer Speise und wie sie angerichtet ist, entscheiden Kinder oft auf den ersten Blick, ob sie diese annehmen oder zuerst ablehnen. So werden kräftig rote, gelbe und orangefarbene Lebensmittel bevorzugt, Grünes gilt als Zeichen von Unreife und somit Unverträglichkeit. Mahlzeiten in verschiedenen Formen und Farben, hübsch garniert, sind verlockender als ein blasser Einheitsbrei. Und zusätzlich profitiert Ihr Kind von den verschiedenen sekundären Pflanzenstoffen in buntem Obst und Gemüse. Auch das kindergerechte Dekorieren von Speisetellern zu Smileys oder Tieren und ein schön gedeckter Familientisch sorgen für zusätzlichen Genuss und Wohlgefühl.

Stellen Sie sich das Geräusch vor, wenn Sie frisches, knuspriges Brot mit der Hand brechen. Oder das herzhafte Knacken beim Zerkauen einer frischen Karotte, das saftige Schmatzen, wenn Sie in einen frischen Pfirsich beißen. Kennen Sie die Situation, wenn Ihr Kind zum wiederholten Male mit dem Löffel in seinem Teller oder Glas rührt, nur weil es so interessant klingt? Auch unser Hörsinn spielt eine wichtige Rolle beim Genießen mit allen Sinnen und sollte positiv unterstützt werden. Meiden Sie beim Essen laute Diskussionen, Streitereien, Fernseh- oder Radiolärm und ermöglichen Sie Ihrem Kind vielfältige genussvolle Klangassoziationen.

> Die Vorliebe für Süßes und die Abneigung gegen Bitteres sind jedem Menschen in die Wiege gelegt.

> Schönes Kindergeschirr sowie fantasievoll angerichtete und vielseitige Speisen bereiten ein sinnliches Essvergnügen.

Fingerfood ist in – und das nicht nur während der Beikostzeit. Trainiert Ihr Kind anfangs fleißig die Koordination von Sehen, Fassen und In-den-Mund-Führen, so erlebt es dabei auf sinnliche Weise, wie verschiedene Speisen sich anfühlen und handhaben lassen. Wohl kein Kind – oder auch Erwachsener –, dem es keine Freude bereitet, belegte Schnittchen, zarte Fleischstücke, rösches Brot oder knackige Gemüsestückchen zu erfühlen und genussvoll in den Mund zu führen! Das hat nichts mit schlechten Tischmanieren zu tun, sondern es ermöglicht uns, die Konsistenz und Form von Nahrungsmitteln schon mit den Fingern zu erspüren und unseren Gaumen darauf vorzubereiten. Die klassische »Brotzeit«, das Raclette, Fondue oder auch Fast Food sind doch deshalb so schön, weil wir dabei kreativ und sinnlich unsere Speisen drapieren, ertasten, befühlen, sie mit dem Mund kauen, damit schmatzen und uns danach die Finger lecken können, das Essen so zum Erlebnis für die Sinne wird.

> Fassen, ertasten, drücken, drapieren. Lassen Sie den Fingern freien Lauf beim Erleben der Nahrungsmittel.

Das kann ich schon selber

Im Laufe des zweiten Lebensjahres erlernen die meisten Kinder das freie Trinken aus dem Glas und den Umgang mit Löffel und Gabel. Ganz nach dem Vorbild der Großen und wie sie es sich am Familientisch abgeschaut haben, versuchen die kleinen Esser, nun auch ihre Nahrung mit Besteck, Trinkglas, Essstäbchen und anderen Hilfsmitteln einzunehmen. Unterstützen Sie das, indem Sie Ihrem Kleinen/Ihrer Kleinen rechtzeitig geeignetes Kinderbesteck geben und ihn/sie damit hantieren lassen. Auch die ersten einhändigen Trinkversuche stellen einen hohen Anspruch an Koordination und Balance. Nach und nach klappt es immer besser, und Mamas oder Papas Lob ist die schönste Belohnung. Ein Lätzchen oder Handtuch sorgt für fleckenfreie Kleidung und ermöglicht den entspannten, spielerischen Umgang mit Tomatensauce, Joghurt und Co. Für Tischmanieren ist noch Zeit. Werden die Nudeln kalt, bevor der Hunger gestillt ist, dürfen ruhig jederzeit die Hände mithelfen.

Geben Sie Ihrem Kind schon frühzeitig die Gelegenheit, mitzuentscheiden und mitzumachen. Lassen Sie es beim Einkaufen sein

> Ermöglichen Sie Ihrem Kind im Laufe des zweiten Lebensjahres den ungezwungenen Umgang mit Trinkglas und Besteck. Es will doch auch schon zu den »Großen« gehören.

Grundlagen der Kinderernährung

Lieblingsobst in den Wagen legen oder die Brotsorte bestimmen. Vielleicht bereiten Sie zum Frühstück einen bunten Obstsalat vor, und Ihr Kind darf sich die Früchte aus dem Obstkorb aussuchen. Mit einem stumpfen Obstmesserchen oder ungefährlichem Plastikbesteck können auch schon kleine Zwerge weiche Bananenstückchen schneiden und süßen Fruchtaufstrich oder herzhaften Frischkäse auf Brotstückchen schmieren. Mit einem standsicheren Hocker an der Arbeitsfläche kann Ihr Kind aktiv am Kochen teilnehmen, sofern keine scharfen oder heißen Gegenstände und Speisen in Reichweite sind. Wenn der kleine Held der Küche dann auch noch seine eigene Kochschürze bekommt, muss das selbst zubereitete Essen doch einfach nur gut schmecken und Spaß machen.

Wenn Platz vorhanden ist, können Sie Ihrem kleinen Kochkünstler seine eigene kreative Ecke schaffen, sei es mit einer vorgefertigten Kinderküche oder einem kleinen Tischchen sowie entsprechendem »Werkzeug«. Natürlich nicht im abseitsgelegenen Kinderzimmer, sondern an Ihrer Seite, am Ort des Geschehens. Bewahren Sie leere Gewürzstreuer und Döschen auf und befüllen Sie sie zum Beispiel mit bunten getrockneten Blüten, Rosinen oder Backerbsen. Ein kleiner Teller mit verschiedenen Obst- und Gemüseschnitzen macht Lust zum Selberrühren, Wenden, Umfüllen und Naschen. Ein waschbarer Vorleger oder eine rutschfeste Plastiktischdecke schützen den Fußboden vor Kleckereien und nachhaltigen »Erinnerungen«. Und sollte doch einmal die Mehlpackung oder die Nudelvorratsdose in die falschen (Kinder-)Hände geraten sein, der Handstaubsauger ist schnell griffbereit und beseitigt das größte Chaos im Nu. Manchmal genügt auch ein Papierschnitzel, ein Stück Holz oder die bloße Vorstellungskraft und es wird mit Feuereifer das Lieblingsgericht gekocht und allen Stofftieren, Puppen, Geschwistern und den Eltern serviert. Unterstützen Sie diese fantasievollen Rollenspiele und loben Sie Ihr Kind für die leckere (imaginäre) Speise.

Mitentscheiden und mitmachen. Das ist für die Kleinen ganz besonders wichtig. Ein sicherer Arbeitsplatz und kleine Kompromisse ermöglichen gemeinsame Kocherlebnisse.

DER WAREN-KOMPASS FÜR DEN EINKAUF

Kleine Lebensmittelkunde

Gesunde Ernährung beginnt beim Einkauf

Die Grundlage für unsere Ernährung legen wir schon beim Einkauf. Denn was wir von dort mit nach Hause nehmen, essen wir in der Regel auch. Schauen wir uns die einzelnen Supermarkt-Abteilungen doch etwas genauer an. Starten Sie mit mir zu einer virtuellen Einkaufstour!

Obst und Gemüse

In der ersten Abteilung Obst und Gemüse dürfen Sie Ihren Einkaufskorb so richtig nach Herzenslust vollladen, denn diese Lebensmittelgruppe bringt uns gesundheitlich nur Vorteile. Bestimmt kennen Sie das berühmte englische Sprichwort »One apple a day keeps the doctor away«. Es verdeutlicht sehr schön, wie wichtig diese Lebensmittelgruppe für eine gesunde Ernährung ist. Obst und Gemüse bieten uns eine Schatzkammer an Vitaminen, Mineralstoffen und sekundären Pflanzenstoffen. Daneben tragen sie mit ihrem hohen Ballaststoffgehalt zu einer geregelten Verdauung und einem gesunden Darm bei.

> Kinder knabbern gerne. Obst und Gemüse sind jederzeit willkommen – am besten nach dem Motto: je bunter, umso lieber.

Keine andere Lebensmittelgruppe weist einen so hohen Gehalt an vielerlei wichtigen Vitalstoffen auf wie Obst und Gemüse. Um auch von der ganzen Bandbreite zu profitieren, ist es ratsam, viele verschiedene Obst- und Gemüsesorten im Wechsel zu verzehren. Ein hilfreicher Tipp ist, Regenbogenfarben zu essen, sich also aus dem ganzen Farbspektrum, das die Natur uns bietet, zu bedienen: rote Beeren und Tomaten, gelbe Bananen und Paprika, orangefarbene Mandarinen und Karotten, grüne Äpfel und Brokkoli, blaue Zwetschgen und Auberginen. Auch das Auge isst mit!

Die Zugabe von hochwertigen Pflanzenölen verbessert die Aufnahme der fettlöslichen Vitamine. Deshalb ist es ratsam, Obst- und Gemüsemahlzeiten immer mit einem Teelöffel guten Pflanzenöls oder ein paar Nüssen oder Samen zu kombinieren.

Ein Kind sollte über den Tag verteilt mindestens fünf Portionen verschiedenes Obst und Gemüse essen. Dabei entspricht eine Porti-

Verschieden buntes Obst und Gemüse nach der Saison und, wenn möglich, aus kontrolliert biologischem Anbau: Das bringt geballte Gesundheitspower mit nach Hause.

> Wie viel Obst und Gemüse benötigt mein Kind? Fünf handflächengroße Portionen pro Tag. Das entspricht etwa 2-mal 100–150 g Obst und 3-mal 70–85 g Gemüse.

on etwa der Menge, die in eine Kinderhand passt. Bei Salat ist es eine aus beiden Händchen gebildete Schüssel.

Eine gute Hilfe ist ein Saisonkalender im Taschenformat, der bei jedem Einkauf zur Hand ist. Konventionelles Treibhausgemüse außerhalb der Saison ist häufig stärker pestizidbelastet und weist einen viel höheren Nitratgehalt auf als frisches Freiland- und Biogemüse. Es ist ratsam, vor allem bei besonders belasteten Sorten, Früchte aus kontrolliert biologischer Erzeugung zu wählen.

Besonders häufig von gesundheitsbelastenden Rückständen betroffen sind: Äpfel, Aprikosen, Birnen, Brombeeren, Erdbeeren, Himbeeren, Johannisbeeren, Kirschen, Mandarinen, Pfirsiche sowie Auberginen, Gurken, Paprikaschoten, Salat und Tomaten.

Als weiteren Pluspunkt weisen Biofrüchte meist einen intensiveren natürlichen Geschmack und einen höheren Gehalt an Mineralstoffen und sekundären Pflanzenstoffen auf.

Viele wertvolle Inhaltsstoffe sind empfindlich gegenüber Licht, Luft, Wasser und Hitze. Bei unreifer Ernte und langen Transportwegen treten erhebliche Vitalstoffverluste auf. Achten Sie deshalb auf frische und saisonale Produkte ohne lange Liefer- und Lagerzeiten.

Reinigen Sie Obst und Gemüse nur kurz und schonend und wenden Sie nährstoffschonende Zubereitungsmethoden wie Dämpfen und Garen mit wenig Wasser an. Am besten verzehren Sie mindestens eine Portion Gemüse in Form von Rohkost.

Innerhalb der Obst- und Gemüse-Abteilung finden Sie auch Kartoffeln. Kartoffeln haben einen sehr hohen Gehalt an schnell abbaubarer Stärke, aber auch viele Vitamine und Mineralstoffe und dürfen deshalb in fettarmer Zubereitung durchaus auf dem Speiseplan stehen. Kartoffelfertigprodukte wie Pommes, Chips oder Kroketten sind meist stark verarbeitet und fetthaltig. Sie sollten die Ausnahme bilden, steigt doch der Kaloriengehalt mit der Verarbeitung um bis zu 800 Prozent! Grüne Stellen, Keime und unreife Früchte enthalten giftiges Solanin. Verwenden Sie solche Kartoffeln nicht.

Pflanzenöle

Direkt nach den bunten Früchten sollte ein hochwertiges Pflanzenöl Ihren Einkauf bereichern. Gute Pflanzenöle sind einer der wichtigsten Bausteine für eine gesunde Ernährung. Gerade die mehrfach ungesättigten Fettsäuren, die vor allem in Nüssen und Samen, Ölfrüchten und den daraus gewonnenen Pflanzenölen enthalten sind, spielen dabei eine große Rolle.

Bei den Pflanzenölen gibt es große Unterschiede, sowohl in der Qualität als auch in der quantitativen Fettsäurezusammensetzung. Jedes pflanzliche Öl hat sein eigenes Fettsäureprofil aus verschiedenen gesättigten, einfach und mehrfach ungesättigten Fettsäuren und nimmt damit auch eine spezielle Stellung in der Ernährung ein.

Häufig wird in der Baby- und Kinderernährung die Verwendung raffinierter Öle empfohlen, um so mögliche Pestizidrückstände im Öl zu vermeiden, da diese quasi herausraffiniert werden. Sinnvoller ist es jedoch, von Anfang an zu rückstandskontrollierten Pflanzenölen aus kontrolliert biologischer Erzeugung zu greifen. Bei der Raffination werden wertvolle ungesättigte Fettsäuren zerstört. Es können sogar gesundheitsschädliche veränderte Fettsäure-

---

Beschränken Sie sich auf zwei oder drei unterschiedliche kaltgepresste Öle in Bioqualität und Sie erhalten eine Vielzahl an hochwertigen und lebensnotwendigen Fettsäuren. Achten Sie beim Einkauf auf lichtgeschützte Glasflaschen.

Wie viel Öl benötigt mein Kind?
3–5 Teelöffel pro Tag, ideal von verschiedenen Ölen.

strukturen entstehen. Empfehlenswert ist die Verwendung kaltgepresster, nativer Öle in Bioqualität. So können Sie weitgehend sichergehen, Ihrem Kind ein unbelastetes Öl mit vielen hochwertigen, lebensnotwendigen Fettsäuren zu geben.

Kaufen Sie zwei oder drei unterschiedliche Öle in guter Qualität. Wählen Sie zum Beispiel Rapsöl oder Olivenöl für die warme Küche und Walnuss- oder Leinöl für die kalte Küche wie Salate, Rohkost und Brotaufstrich.

Verwenden Sie keine Öle aus Plastikflaschen. Darin können sich bedenkliche Weichmacher befinden. Kaufen Sie ausschließlich Pflanzenöle aus braunen oder dunkelgrünen Glasflaschen. Nur so ist gewährleistet, dass kein Sonnenlicht das wertvolle Pflanzenöl frühzeitig verdirbt. Investieren Sie mit einem guten Öl in die Gesundheit Ihres Kindes. Kaltgepresste native Pflanzenöle müssen immer hitzegeschützt bei konstanter Raumtemperatur gelagert werden und sind nach Anbruch rasch aufzubrauchen.

Getreideprodukte

Als nächste Abteilung erreichen Sie bereits die Getreideprodukte und Cerealien.

Die Gruppe der Getreide liefert wertvolle Nährstoffe, vor allem viele B-Vitamine, Vitamin E, reichlich Mineralstoffe und gut sättigende Ballaststoffe. Getreide lässt sich vielfältig einsetzen: gekocht, als Bratlinge, zu Teigwaren wie Nudeln und Spätzle verarbeitet und natürlich in Form von Brot und Brötchen. Für viele ist es als Bestandteil jeder Mahlzeit nicht wegzudenken.

Mittlerweile finden wir im gut sortierten Supermarkt oder auch im Reformhaus oder Naturkostladen nicht mehr nur die gängigen Getreidesorten wie Weizen, Roggen, Reis, Hafer oder Gerste, sondern auch viele Produkte aus Mais, Hirse, Dinkel, Grünkern, Emmer oder Einkorn. Letztere vier sind Unterarten des Weizens, besonders Dinkel ist äußerst beliebt und zeichnet sich durch einen feinen Geschmack und hervorragende Backeigenschaften aus. Buchweizen, Amaranth, Quinoa oder Erdmandeln gehören botanisch gesehen nicht zu den Getreiden, werden aber meist ähnlich oder in Verbindung mit Getreidesorten verarbeitet. Bei den Getreidesorten

---

Wie viele Getreideprodukte benötigt mein Kind?
Pro Tag: 2 kinderhandgroße Scheiben Brot, Knäckebrot, Zwieback oder 1–2 Brötchen (= ca. 150 g), verteilt auf mehrere Mahlzeiten. Dazu: 1–2 Kinderhandvoll Kartoffeln, Nudeln oder gekochter Reis (= ca. 200 g) und 1–2 Kinderhandvoll Getreideflocken (= ca. 30–50 g).

Kleine Lebensmittelkunde

Vollwertige Frühstückscerealien sind gesund. Die Kleinen werden mit wertvoller Energie versorgt und sind lange satt und fit.

unterscheiden wir noch die glutenhaltigen und glutenfreien Sorten. Gluten ist das sogenannte Klebereiweiß, das wir vor allem beim Backen benötigen. Die glutenfreien Sorten wie Reis, Mais und Hirse sowie Quinoa, Amaranth und Buchweizen werden für Backwaren deshalb mit glutenhaltigen Getreidesorten gemischt, da zusätzliche Klebe- bzw. Bindemittel benötigt werden.

Vollkorngetreideprodukte und Naturreis sind auf jeden Fall den Weißmehlprodukten vorzuziehen und nehmen in der Ernährungspyramide einen größeren Platz ein. Übrigens muss Vollkorn nicht gleich »voller Körner« bedeuten. Auch das Mehl aus dem vollen Korn kann fein gemahlen sein. Achten Sie auf einen hohen Ausmahlungsgrad, zu erkennen an der Type-Kennziffer des Mehls. Je höher dieser Wert ist, desto mehr wertvolle Mineralstoffe enthält das entsprechende Mehl.

Der Warenkompass für den Einkauf

Weißmehlprodukte und geschälter Reis sollten wegen des schnellen Blutzuckeranstiegs und des geringen Ballaststoff-, Vitamin- und Mineralstoffgehalts die Ausnahme sein.

Bei den Frühstückscerealien wie Cornflakes, Crisps und Co. lohnt sich auch ein genauer Blick auf die Packung. Viele davon enthalten eine Menge versteckten Zucker, der sich an mehreren Stellen der Inhaltsangaben verbirgt. So enthalten 100 g der bei Kindern beliebten Flakes bis zu 35 g Zucker, das entspricht 14 Stück Würfelzucker. Dasselbe gilt übrigens für die vermeintlich gesunden Müsliriegel. Die gesunde Wahl sind selbst zusammengestellte Müslimischungen aus naturbelassenen Getreideflocken und nach Wunsch aus Trockenfrüchten, Nüssen und Samen. Alternative Süßungsmittel wie Dicksäfte oder Frucht- oder Rohrzucker enthalten kaum mehr Vitamine und Mineralstoffe als raffinierter Haushaltszucker, aber genauso viele »leere« Kalorien.

Bieten Sie Ihrem Kind zum Frühstück bereits etwas Obst an. Das können ein paar Trauben oder einige Apfelschnitze sein. Aber auch ein Stück Banane ist willkommen.

Nüsse und Samen

Nüsse und Samen wurden schon zu Urzeiten als wichtige Ernährungsbestandteile verzehrt. Sie liefern uns neben wertvollem Eiweiß besonders viele essentielle Fette, wertvolle Vitamine und Mineralstoffe und sind somit wahre Energie- und Nährstoffpakete. Achten Sie hier besonders auf einwandfreie und frische Ware (die gesunden Fettsäuren können schnell ranzig werden), außerdem sind Nüsse anfällig für gesundheitsschädliche Schimmelpilze. Bei kleineren Kindern unter zwei Jahren ist aufgrund der Verschluckungsgefahr Vorsicht geboten.

> Wie viele Nüsse und Samen benötigt mein Kind?
> ½–1 Kinderhandvoll pro Tag

Hülsenfrüchte

Linsen, Bohnen und Soja sind die wertvollste pflanzliche Eiweißquelle. Besonders für Vegetarier spielen sie deshalb eine wichtige Rolle. Zudem enthalten sie viele Ballaststoffe und auch eine Reihe an Vitaminen und Mineralstoffen. Sie zeichnen sich durch eine Vielzahl an Zubereitungsmöglichkeiten aus: gekocht, als Bratlinge, Tofu, Sojamilch, Sojajoghurt, Aufläufe etc. Besonders vitaminreich sind gekeimte Hülsenfrüchte als Salat- oder Brot-Topping.

> Wie viele Hülsenfrüchte benötigt mein Kind?
> 1 Kinderhandvoll pro Tag (getrocknet) im Wechsel mit Eiern, Fleisch oder Fisch.

Milch und Milchprodukte

Bei Milch und Milchprodukten erwartet uns eine große Anzahl verschiedener Lebensmittel. Milchprodukte liefern uns viel hochwertiges Eiweiß für ein starkes Immunsystem, einen guten Stoffwechsel und den Zellaufbau, wichtige Vitamine, besonders A- und B-Vitamine, Vitamin D, Mineralstoffe, vor allem Kalzium für starke Knochen und Zähne. Auch bei den Milcherzeugnissen haben Bioprodukte die Nase vorn: Mehrere Studien haben ergeben, dass diese einen höheren Anteil an wertvollen Omega-3-Fettsäuren und konjugierter Linolensäure (CLA) enthalten. Einleuchtend, denn bei einer artgerechten Weidehaltung mit viel frischem Grünfutter und Heu anstelle von stärkehaltigem Kraftfutter spiegelt sich die Nahrung des Tieres auch in seiner Milch wider.

Bei der Trinkmilch gibt es im Handel unterschiedliche Fettgehaltsstufen und Qualitäten. Neben der naturbelassenen Vollmilch mit 3,8 % Fett finden wir fettarme Milch mit 1,5 % und entrahmte

Milch ist gesund. Für Kinder zu empfehlen sind ab dem zweiten Lebensjahr abgekochte oder pasteurisierte Vorzugsmilch, Demeter-Milch oder Frischmilch.

> Biologisch erzeugte Milchprodukte sind hochwertige Nährstofflieferanten und als Trinkmilch, Joghurt, Quark oder Käse mit vielen Lebensmitteln kombinierbar. Achten Sie bei Joghurt- und Quarkzubereitungen immer genau auf den Zuckergehalt!

Milch mit 0,1 %. Bei normalgewichtigen Kindern darf es ruhig der natürliche Fettgehalt sein. Hier haben wir ein ausgewogenes Verhältnis der energieliefernden Nährstoffe und einen höheren Gehalt an fettlöslichen Vitaminen.

Nach ihrer Haltbarkeit unterscheiden wir die absolut unbehandelte Roh- oder Vorzugsmilch, Demeter-Milch, die lediglich durch Pasteurisieren haltbar gemacht, aber nicht homogenisiert wird, die pasteurisierte und homogenisierte Frischmilch, ESL-Milch, die durch Hocherhitzen gekühlt mehrere Wochen haltbar ist, und ultrahocherhitzte H-Milch.

Kleines Milchlexikon
- Pasteurisieren: 30 Sekunden erhitzen bei 72–75 °C, gekühlt 5–6 Tage haltbar.
- Homogenisieren: Durch Veränderung der Fettteilchengröße wird das natürliche Aufrahmen der Milch verhindert, was aber zugleich die Fettverdauung im Darm beschleunigt. Man vermutet, dass auf diese Weise an Fettpartikel gebundene Eiweiße in den Blutkreislauf gelangen und schließlich Allergien auslösen können.
- Ultrahocherhitzen: 3 Sekunden erhitzen auf 150 °C, ungekühlt bei Zimmertemperatur 3–6 Monate haltbar.
- ESL: extended shelf life, »extra länger frisch« ist Milch, deren Haltbarkeit in ungeöffneter Verpackung zwischen pasteurisierter und ultrahocherhitzter Milch liegt. Es gibt dazu verschiedene Herstellverfahren, das Erhitzen ist stärker als beim Pasteurisieren.

Für Personen mit einer Milchzuckerunverträglichkeit gibt es noch besondere laktosefreie Milch, die allerdings für laktosetolerante Personen keinen weiteren Nutzen hat.

Für die Kinderernährung empfehlenswert sind ab dem zweiten Lebensjahr abgekochte oder pasteurisierte Vorzugsmilch, Demeter-Milch oder Frischmilch. ESL-Milch und H-Milch sollten aufgrund der starken Verarbeitung und Denaturierung die Ausnahme sein. Viele Eltern und auch Ärzte berichten, dass naturbelassene, nicht homogenisierte Milch am besten verträglich sei.

Selten finden wir im Handel Milch von anderen Tierarten wie zum Beispiel Schafs-, Ziegen- oder Stutenmilch. Diese weisen alle für sich ein spezifisches Inhaltsstoffspektrum auf und können im Haushalt auch als Alternative für Kuhmilch verzehrt werden.

Getreidemilch aus Hafer, Reis oder Dinkel ist sehr nahrhaft und aufgrund des leicht süßlichen Geschmacks beliebt bei Kindern. Ihr Nährwertprofil ist nicht vergleichbar mit dem der Kuhmilch, sie

> Wie viele Milchprodukte benötigt mein Kind?
> 350–400 g/ml pro Tag = ca. 200 ml Trinkmilch + 1 Scheibe Käse + 1 Becher Joghurt oder Quark.

Vor allem, wenn Kinder wenig oder kein Fleisch essen, sollten zwei bis drei Eier (Bioqualität!) in den wöchentlichen Speiseplan eingebaut werden.

können aber hervorragend als Ergänzung des gesunden Speiseplans integriert werden.

Auch aus manchen Nussarten werden Drinks angeboten, beispielsweise Mandel- oder Haselnussmilch. Diese finden wir ungesüßt oder mit Honig oder Dicksaft gesüßt im Handel. Sie können in Getränken oder Süßspeisen verwendet werden.

Joghurt, Buttermilch, Kefir und Quark enthalten spezielle Milchsäurebakterien, die für einen gesunden Darm und eine gute Immunfunktion eine wichtige Rolle spielen. Auch diese Milchprodukte gibt es in verschiedenen Fettgehaltsstufen von 0,1–10 %. Da viele Milchzubereitungen enorm viel Zucker enthalten (im Durchschnitt etwa 13 %, das entspricht 10 Stück Würfelzucker pro Becher à 200 g), ist es empfehlenswert, Naturjoghurt und -quark zu kaufen und diesen zu Hause selber mit frischen Früchten oder Kompott aufzuwerten.

Butter, Sahne und Käse enthalten viel Fett. Verwenden Sie diese Nahrungsmittel mit gesundem Augenmaß und, wie schon erwähnt, aus biologischer Erzeugung. So sind sie wertvolle Lieferanten gesundheitsfördernder Fettsäuren. Käse gibt es in verschiedenen Fettgehaltsstufen. Die Angabe Fett i. Tr. = Fett in der Trockenmasse dient als Vergleichswert und gibt an, wie viel Prozent Fett eine Käsesorte in der wasserfreien Trockenmasse enthält. Daneben gibt es noch den Wert Fett absolut, d. h. Fett in der gesamten Käsemasse, der den unterschiedlichen Wassergehalt von Frischkäse, Weichkäse und Hartkäse berücksichtigt. Käse sollte für Kinder wie alle anderen Milchprodukte aus pasteurisierter Milch und nicht aus Rohmilch sein.

Eier

Hühnerei liefert das am vollständigsten verwertbare Eiweiß und auch wichtige Vitamine und Mineralstoffe. Besonders bei fleischarmer oder fleischfreier Ernährung empfiehlt es sich, regelmäßig Eier in den Speiseplan einzubauen. Auch in Hühnereiern sind in der

Kleine Lebensmittelkunde

Vergangenheit immer wieder schädliche Rückstände festgestellt worden. Bevorzugen Sie deshalb auch hier die Bioqualität. Garen Sie Eier immer gut durch, um krank machende Erreger wie z. B. Salmonellen zu vermeiden.

Fleisch und Geflügel

Fleisch und Geflügel dienen in der Nahrung als hochwertige Eiweißlieferanten. Rotes Fleisch wie Kalb, Rind, Lamm oder Schwein enthält außerdem viel gut verwertbares Eisen für eine gute Blutbildung und gesundes Wachstum. Da eine zu hohe Eiweißzufuhr im Kleinkindalter sich als gesundheitlich problematisch erwiesen hat und zudem die Ausprägung von Übergewicht zu fördern scheint, genügt es, für ein Kind 2–3-mal wöchentlich 50–80 g Fleisch auf den Speiseplan zu setzen.

Wurstwaren, die neben viel Fett zudem ungesunde Inhaltsstoffe wie Geschmacksverstärker und Nitritpökelsalz enthalten, sind nur eingeschränkt und in kleinen Mengen erlaubt. Am besten sind wenig veränderte Wurstsorten wie Schinken, Bierschinken, Kasseler oder Geflügelbrust. Sorten wie Streich- und Leberwurst, Leberkäse oder Salami sind ausgesprochene Fettbomben.

Bevorzugen Sie beim Fleischeinkauf Bioqualität aus artgerechter Haltung, denn die Lebensumstände und die Fütterung des Tieres spiegeln sich auch in seinem Fleisch wider.

> **Wie viel Fleisch und Geflügel benötigt mein Kind?**
> Etwa 300 g Fleisch (inklusive Wurstwaren) pro Woche. Das entspricht etwa 2–3-mal 50–80 g Fleisch und 4–5 Scheiben Wurst in der Woche.

Wurstsorte	Fettgehalt in % (Durchschnittswert)
Schinken, gekocht	4
Kasseler	7,5
Bierschinken	10
Gelbwurst	25
Leberkäse	27
Salami	36

Quelle: Souci, Fachmann, Kraut-Nährwerttabellen

> Frischer oder auch tiefgekühlter Fisch aus artgerechter Aufzucht oder nachhaltigem Fang darf mindestens einmal pro Woche den Speiseplan bereichern.

> Wie viel Fisch benötigt mein Kind? 1–2-mal 50 g pro Woche.

Fisch

Fisch liefert hochwertiges tierisches Eiweiß und ist besonders leicht verdaulich. Besondere Bedeutung hat der hohe Gehalt an Jod, das für eine gute Schilddrüsenfunktion und einen optimalen Energiestoffwechsel wichtig ist. Einige fette Fischsorten enthalten viele Omega-3-Fettsäuren, die für eine ausgezeichnete Gehirnfunktion und den Zellaufbau essentiell sind. Fisch sollte mindestens einmal pro Woche auf den Tisch kommen. Auch hier spielt eine artgerechte Aufzucht bzw. nachhaltiger Fang (MSC-Siegel) eine große Rolle. Langlebige Raubfische wie Thunfisch, Schwertfisch, Rotbarsch und Heilbutt sind mittlerweile mit einem hohen Gehalt an Schwermetallen belastet und sollten nicht zu häufig verzehrt werden. Eine gute Alternative sind Fische aus biologischer Aquakultur. Achten Sie bei frischem Fisch auf klare Augen, hellrote Kiemen und eine glänzende Schuppenschicht. Tiefgefrorener Fisch ist immer eine sichere Wahl.

Tiefkühl- und Fertigprodukte

Im Supermarkt finden wir auch eine große Anzahl diverser Fertigprodukte. Viele davon können uns im Küchenalltag das Leben erleichtern, beispielsweise TK-Gemüsemischungen. Achten Sie aber auf die Inhaltsstoffe und ungesunde versteckte Zusätze wie Zucker, Stärke, Geschmacksverstärker und gehärtete Fette. Bevorzugen Sie möglichst naturbelassene Produkte.

Getränke

Gegen Ende unserer Einkaufstour erreichen wir die Getränkeabteilung. Ausreichend zu trinken ist sehr wichtig, besteht doch der Körper eines Kindes aus bis zu 75 % Wasser. Gerade die Kleinen vergessen aber häufig, beim Herumtollen und Spielen zu trinken. Ist es im Sommer heiß, kann der junge Körper schnell an Flüssigkeitsmangel leiden. Generell sollen Getränke den Durst stillen und den benötigten Flüssigkeitsbedarf decken. Geeignet sind Wasser, Mineralwasser, ungesüßte Tees und stark verdünnte Fruchtsaftschorle (mindestens 1 : 5).

Reiner Saft oder Fruchtsaftgetränke enthalten Energie in Form von natürlich vorkommendem oder zugesetztem Zucker. Auch Limo-

Die optimalen Durstlöscher sind Wasser, Mineralwasser, ungesüßte Tees und stark verdünnte Fruchtsaftschorle.

naden enthalten viele leere Zuckerkalorien, außerdem eine Menge an ungesunden Zusatzstoffen wie Farb- oder Aromastoffe. Besonders der regelmäßige Verzehr zuckerhaltiger Getränke erhöht bei Kindern das Risiko für Übergewicht. Multivitamingetränke und ACE-Drinks sind für Kinder nicht geeignet, sie enthalten zu hohe Dosen synthetischer Vitamine, die bei Überdosierung zu gesundheitlichen Problemen führen können.

Ein weiteres Problem beim Dauergenuss gesüßter Getränke ist das erhöhte Kariesrisiko. Kinder, die lange an der süßen Flasche nuckeln, haben häufig schon vor Durchtritt aller Milchzähnchen Karies. Da die Milchzähne zwar wieder ausfallen, aber eine bedeu-

> Wasser ist Leben! Und dieses Element ist auch unser allerbester Durstlöscher.

tende Funktion als Platzhalter für das bleibende Gebiss haben, müssen auch sie schon von Anfang an gut gepflegt und geschützt werden. Aus diesem Grund sollte ab dem zweiten Lebensjahr die Flasche durch den Becher oder die Tasse ersetzt und zum Durstlöschen sollten nur zucker- und säurefreie Getränke gewählt werden.

Kaffee und Schwarztee sind aufgrund ihres Koffein-/Teingehalts für Kinder ungeeignet. Sie sind außerdem in der Lage, bestimmte Mineralstoffe zu binden und deren Aufnahme in den Körper zu erschweren. Milch und Milchmixgetränke dürfen auch nicht als Durstlöscher gesehen werden. Aufgrund ihres Nährstoffgehalts sind sie aber als wertige Zwischenmahlzeit geeignet. Fertigmilchgetränke enthalten häufig mehr als fünf Stück Würfelzucker pro 100 ml. Achten Sie deshalb auch hier immer genau auf den Zuckergehalt!

Als grobe Mengenangabe sollten Kinder im Alter von 1–7 Jahren etwa sechs Gläser à 150 ml pro Tag zu sich nehmen. Diese Menge hängt allerdings vom Wassergehalt der Nahrung ab. Im Sommer oder im Urlaub, bei hoher Umgebungstemperatur, starkem Schwitzen oder bei fieberhaften Infekten benötigen die Kleinen verständlicherweise mehr an Flüssigkeit. Von den sechs Portionen darf maximal ein Glas aus reinem Fruchtsaft, am besten frisch gepresst, bestehen. Um zu verdeutlichen, wie viel versteckten Zucker Kinder in Form von Getränken aufnehmen können, hier eine Übersicht über den Zuckergehalt verschiedener Säfte und Limonaden:

> Pure Säfte, Fruchtsaftgetränke und Limos enthalten viel versteckten Zucker. Hier lohnt sich ein genauer Blick auf die Inhaltsstoffliste.

> Wie viel an Getränken benötigt mein Kind?
> 800–1000 ml pro Tag, verteilt auf sechs Portionen.

Getränk	Zuckergehalt pro Liter
Traubensaft	170 g
Apfelsaft	120 g
Orangensaft	90 g
Biosaft Banane-Apfel	110 g
Fanta Orange	100 g
Bionade	50 g
Wasser	0 g

Dabei entsprechen 2,5 g Zucker etwa der Menge eines Stückchen Würfelzuckers. Das bedeutet in der Praxis: Ein Kind nimmt mit einer 200-ml-Flasche »Kindersaft ohne Zuckerzusatz« mehr als acht Stück Würfelzucker zu sich. Würden Sie Ihrem Kind diese Menge in ein Glas Wasser rühren?

Süßigkeiten und Gebäck

Direkt vor der Kasse präsentieren sich zu guter Letzt noch verschiedene Süßigkeiten, Riegel, Backwaren und Kuchen. Diese Lebensmittel sollen nur gelegentlich verzehrt werden, da sie zucker- und energiereich sind, aber kaum essentielle Vitamine oder Mineralstoffe beinhalten. Besonders nachteilig ist die Kombination aus hohem Zuckergehalt und gesundheitsschädlichen Industriefetten, wie es in den meisten Fertigbackwaren, Nuss-Nougat-Aufstrichen und in Schokolade der Fall ist. Dadurch werden dem Körper nicht nur wertlose, leere Kalorien geliefert, die er direkt als Bauchspeck einlagert. Zudem ist durch die hohe Insulinausschüttung und die gehärteten Fette auch ein gesundheitlicher Nachteil möglich.

Besonders diese Lebensmittelgruppe enthält häufig unterschiedlichste künstliche Aromen und Geschmacksstoffe. Diese gaukeln schon unseren Kleinsten unnatürliche Geschmackserlebnisse vor und prägen so synthetische Eindrücke für ein Leben lang. Ein Beispiel dafür ist das vielfach verwendete synthetische Vanillearoma Vanillin. Schon in Babynahrung und Gläschen diverser Hersteller zu finden, taucht es in Getränken, Milchprodukten, Speiseeis, Puddingpulver, Saucen sowie Back- und Süßwaren auf und konditioniert so Kinder von Anfang an auf künstliches Aroma. Selbst durch die Deklaration auf der Verpackung ist es schwierig, Produkte mit Vanillearoma von Produkten mit natürlicher Vanille zu unterscheiden. Achten Sie auf die Angabe »natürlicher Bourbon-Vanilleextrakt«.

Bevor Sie Ihre Einkaufstour an der Kasse beenden, werfen Sie nochmals einen kritischen Blick in Ihren Wagen. Was nun den Weg nach Hause findet, landet in der Regel auch auf dem Speiseteller.

> Viel Zucker, Fett und Süßwaren mit künstlichen Inhaltsstoffen sollten nicht verboten, aber doch die Ausnahme sein. Achten Sie beim Einkauf auf die Zusammensetzung.

> Wie viel an Süßigkeiten und Gebäck benötigt mein Kind? Maximal eine kinderhandgroße Portion pro Tag, zum Beispiel: ein Keks oder ein kleiner Riegel Schokolade oder eine Handvoll Gummibärchen oder ein kleines Stück Kuchen.

LIEBLINGS-REZEPTE

Lieblingsrezepte

Die Portionsgrößen

Die Mengenangaben in den Rezepten beziehen sich, wenn nicht anders angegeben, auf eine Erwachsenen- + Kinderportion = 1 EW + 1 KI. Dabei entspricht das Verhältnis Kind : Erwachsenem etwa 40 : 60 Prozent. Möchten Sie für mehr Personen kochen, rechnen Sie einfach die entsprechenden Mengen dazu.

Wichtig: Die individuelle Verzehrmenge schwankt von Kind zu Kind und kann sich durchaus auch innerhalb kürzester Zeit verändern. Außerdem sind die Portionsgrößen in dem Altersabschnitt 1–6 Jahre sehr unterschiedlich. Es ist nicht sinnvoll, eine(n) Zweijährige(n) zu zwingen, dieselbe Menge wie Fünfjährige zu essen, umgekehrt würde das ältere Kind von einer kleineren Portion nicht ausreichend satt. Die Mengenangaben der Rezepte in diesem Buch basieren daher auf einem Mittelwert.

Kinder haben ein gutes Gespür für Hunger und Sättigung. Bitte ändern Sie die Menge im Zweifelsfall entsprechend der Essmenge Ihres Kindes.

Die Symbole

 Menge    Auf Vorrat/Gut vorzubereiten

 Zubereitungszeit   Blitzrezept: 30 Minuten und weniger

 1 EW + 1 KI

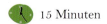 15 Minuten   Blitzrezept

Knackiges Rohkostfrühstück

2 TL Kokosfett, unraffiniert
1 EL Honig
5 EL Haferflocken, zartblättrig
2 EL Amaranth, gepoppt
2 Karotten
1 Apfel
150 ml Orangensaft
1 Spritzer Zitronensaft
1 EL gemahlene Haselnüsse

Für alle, die morgens schon etwas zum Beißen möchten. **Zeitspartipp:** Die Crunchies lassen sich hervorragend auf Vorrat zubereiten und mehrere Wochen gut verschlossen lagern. Sie sind auch ein toller Energiespender zum Knabbern für zwischendurch.

Zubereitung

1. Das Kokosfett in einer kleinen Pfanne erhitzen. Den Honig zugeben und auflösen.
2. Für die Crunchies die Haferflocken und den Amaranth in dem Fett-Honig-Gemisch karamellisieren, bis sie schön knusprig sind.
3. Die Karotten schälen. Den Apfel waschen und das Kerngehäuse entfernen. Die Karotten und den Apfel auf einer Gemüsereibe fein raspeln und den Orangen- und Zitronensaft hinzufügen.
4. Zum Servieren die Haselnüsse und die Haferflocken-Amaranth-Crunchies über die geraspelten Karotten und den Apfel streuen.

Frühstücksideen 39

 1 EW + 1 KI

 20 Minuten   Blitzrezept

Warmes Muntermacher-Müsli

2 TL Butter
5 EL Getreideflocken (z. B. Hafer- oder Dinkelflocken)
1 Banane
1 Apfel
2 getrocknete Datteln
2 getrocknete Aprikosen, ungeschwefelt
1 EL gemahlene Nüsse (Hasel- oder Walnüsse, Mandeln)
1 Prise Salz
100 ml Vollmilch
100 ml Hafermilch
Ceylon-Zimtpulver
Kokosflocken

Zubereitung
1. Die Butter in einem Topf bei leichter Hitze zerlassen und die Getreideflocken anrösten.
2. Die Banane schälen. Den Apfel schälen und das Kerngehäuse entfernen. Alles in kleine Stückchen schneiden.
3. Die Datteln entsteinen und zusammen mit den Aprikosen in kleine Würfel schneiden.
4. Das Obst, Trockenobst und die Nüsse zu den Getreideflocken in den Topf geben und eine Prise Salz hinzufügen. Mit der Vollmilch und der Hafermilch aufgießen.
5. Das Ganze so lange leicht köcheln lassen, bis die Getreideflocken und Obststückchen weich sind.
6. Vor dem Servieren mit Zimtpulver und Kokosflocken bestreuen.

> Diese nahrhafte und wärmende Kombination spendet viel Energie und macht lange satt. Die Zutaten können Sie nach Herzenslust variieren, beispielsweise mit frischem Pfirsich und Kokosmilch oder Birnen und etwas Kakaopulver.

1 EW + 1 KI

15 Minuten

Blitzrezept

Kunterbunter Obstsalat

300 g Obst der Saison, möglichst verschiedenfarbig,
z. B. Äpfel, Ananas, Birnen, Bananen, Erdbeeren, Granatapfel, Johannisbeeren, Kiwis, Pfirsiche, Trauben u. a.
2 TL Sanddornfruchtfleischöl
1 TL Zitronensaft
1 Msp. Bourbon-Vanillepulver
3 EL Kokosflocken

Zubereitung

1. Das Obst waschen, putzen und in mundgerechte Stücke schneiden.
2. Das Sanddornöl, den Zitronensaft und das Vanillepulver in eine Schüssel geben und diese damit ausreiben.
3. Das Obst in die Schüssel geben und sorgfältig alles miteinander vermischen.
4. Vor dem Servieren mit den Kokosflocken bestreuen.

> Ein buntes Vitaminpaket für einen guten Start in den Tag. Anstelle des Sanddornfruchtfleischöls kann auch ein Teelöffel Sanddorn-Muttersaft verwendet werden, als Alternative zu den Kokosflocken gemahlene Nüsse nach Wahl. Der Obstsalat schmeckt besonders gut mit etwas Naturjoghurt oder Quark.

 Ergibt 3–4 Stück

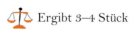 30 Minuten   Blitzrezept

Birnen-Nusspfannkuchen

1 große Birne
1 Ei
1 Prise Salz
75 ml Vollmilch
50 g Vollkornmehl
20 g gemahlene Haselnüsse oder Mandeln
50 ml kohlensäurehaltiges Mineralwasser
Sonnenblumenöl oder Butter zum Backen
Zimtzucker

Zubereitung

1. Die Birne schälen, das Kerngehäuse entfernen und das Fruchtfleisch mit einer Gemüsereibe fein raspeln.
2. Das Ei in eine Schüssel aufschlagen und mit einem Schneebesen mit dem Salz und der Milch verrühren.
3. Das Mehl darübersieben, die Nüsse dazugeben und so lange einarbeiten, bis ein klumpenfreier Teig entsteht.
4. Das Mineralwasser zügig unterrühren.
5. Eine Pfanne mit etwas Öl oder Butter auspinseln und auf mittlerer Stufe erhitzen.
6. Einen Esslöffel Birnen in die Pfanne geben und kurz andünsten.
7. Eine Kelle Teig über die Birnen geben und den Pfannkuchen von jeder Seite etwa 2–3 Minuten backen. Den fertigen Pfannkuchen auf der Birnenseite mit etwas Zimtzucker bestreuen und aufrollen. In 2 Zentimeter breite Streifen schneiden und sofort servieren.
8. Mit dem restlichen Teig in derselben Weise weiterverfahren, dabei gelegentlich weiteres Öl oder noch etwas Butter in die Pfanne geben.

> Diese nahrhafte Pfannkuchen-Variation schmeckt sowohl frisch aus der Pfanne als auch kalt als Snack für unterwegs oder als Stärkung für die Pause im Kindergarten. Besonders fein schmecken die Pfannkuchen, wenn man sie vor dem Anrichten mit einigen Tropfen Walnussöl beträufelt.

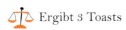 Ergibt 3 Toasts

 10 Minuten    Blitzrezept

Bananen-Vollkorntoast

1 reife Banane
3 EL Quark
1 TL flüssiger Honig
3 Scheiben Vollkorntoast
3 Scheiben milder Käse, z. B. Emmentaler oder Gouda

Zubereitung
1 Die Banane schälen und in feine Scheiben schneiden.
2 Den Quark mit dem Honig verrühren.
3 Das Toastbrot toasten und mit je einem Esslöffel Quark, einer Scheibe Käse und ein paar Bananenscheiben belegen.

Tipp: Bestreichen Sie alternativ das Brot nach dem Toasten mit etwas Butter und Honig und belegen Sie es mit Camembert- und Birnenscheiben.

> Ein feines und nahrhaftes Blitz-Frühstück. Manche mögen auch zuletzt noch ein wenig Zimt oder Zauberzucker (Seite 115) über den Bananen-Vollkorntoast streuen.

Lieblingsrezepte

1 EW + 1 KI

40 Minuten

Rote-Bete-Süppchen mit Räucherlachs

40 g Zwiebel
200 g Birne
100 g Rote Bete
1 EL Rapsöl
250 ml Gemüsebrühe
50 g Räucherlachs
1 EL saure Sahne oder Schmand
1 EL Kresse

Zubereitung

1. Die Zwiebel schälen und fein hacken.
2. Die Birne waschen, das Kerngehäuse entfernen und das Fruchtfleisch in Würfel schneiden.
3. Die Rote Bete schälen und in kleine Würfel schneiden.
4. Das Öl erhitzen und die Obst- und Gemüsewürfel andünsten. Die Gemüsebrühe dazugeben und etwa 20 Minuten köcheln lassen, bis die Rote-Bete-Würfel gar sind.
5. Die Suppe mit dem Stabmixer fein pürieren.
6. Den Räucherlachs in feine Streifen schneiden, in die Suppe geben und kurz ziehen lassen.
7. Mit einem Klecks saurer Sahne bzw. Schmand und etwas Kresse anrichten.

Ein feines Süppchen, das durch seine tolle Farbe besticht und den hohen Eisengehalt beeindruckt. Die Großen essen diese Suppe gerne mit ein wenig Meerrettich.

Zeitspartipp: Vorgegarte Rote Bete gibt es vakuumverpackt in den meisten Supermärkten. Diese lassen sich schnell und leicht klein schneiden und die Kochzeit der Suppe verringert sich auf 10 Minuten.

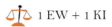 1 EW + 1 KI

 25 Minuten

 Gut vorzubereiten

 Blitzrezept

Cremige Kartoffel-Zucchini-Lauch-Suppe

200 g Kartoffeln
50 g Lauch
150 g Zucchini
1 EL Olivenöl
180 ml Gemüsebrühe
30 g Sahne

> Eine herzhafte und gut sättigende Gemüsesuppe. Wer möchte, kann noch je ein Wiener Würstchen in Stückchen schneiden und in die Suppe geben.

Zubereitung

1. Die Kartoffeln schälen und in kleine Würfel schneiden.
2. Den Lauch waschen, putzen und in feine Ringe schneiden, dabei 3 Esslöffel Lauch beiseitelegen.
3. Die Zucchini waschen und den Blüten- und Stielansatz entfernen. In kleine Würfel schneiden.
4. Das Olivenöl in einem Topf erhitzen und die Kartoffeln, den Lauch sowie die Zucchini andünsten.
5. Die Gemüsebrühe angießen und 10–15 Minuten köcheln lassen, bis die Kartoffeln und das Gemüse weich sind.
6. Die Sahne zur Suppe geben und mit dem Stabmixer alles fein pürieren.
7. Vor dem Servieren die Lauchstreifen in die Suppe geben.

 1 EW + 1 KI

35 Minuten

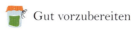 Gut vorzubereiten

 Blitzrezept

Fruchtige Kürbissuppe mit Honig

250 g Hokkaidokürbis
50 g Apfel (Boskop)
100 g Karotten
1 EL Butter
2 Scheiben Vollkorntoast
1 EL Rapsöl
2 TL Honig
Salz
50 g Sahne
1 TL Kürbiskernöl

Zubereitung

1. Den Kürbis waschen, abbürsten, unschöne Hautstellen, Stiel und Kerne entfernen und das Fruchtfleisch in kleine Würfel schneiden.
2. Den Apfel schälen, entkernen und in kleine Würfel schneiden. Die Karotten schälen und ebenso in kleine Würfel schneiden.
3. In einem Topf die Butter zerlassen und die Kürbisstücke, die Apfel- und Karottenwürfel anschwitzen. 200 Milliliter Wasser angießen und das Ganze 15–20 Minuten weich dünsten.
4. Den Toast in kleine Würfel schneiden. Das Rapsöl erhitzen und die Toastwürfel rundum knusprig braten.
5. Die Suppe mit dem Stabmixer pürieren und mit Honig und Salz würzen. In tiefen Tellern anrichten.
6. Die Sahne steif schlagen und mit einem Esslöffel in Nocken auf die Suppe geben. Mit dem Kürbiskernöl beträufeln und mit den Croûtons bestreut servieren.

> An kalten Herbsttagen schmeckt Kürbissuppe einfach wunderbar. Wer möchte, kann die Suppe zusätzlich mit ein wenig frisch geriebenem Ingwer verfeinern.
> **Tipp:** Besonders sättigend und eiweißreich wird die Suppe, wenn Sie noch 30 g rote Linsen mitkochen. Vor allem für Vegetarier ein hochwertiger Genuss!

Ergibt 8 Kartoffelhälften

45 Minuten

Gefüllte Ofenkartoffeln

4 große Kartoffeln
100 g Zucchini, fein gehackt
100 g Paprikaschoten,
    fein gehackt
50 g Kräuterfrischkäse
150 g frisch geriebener Käse
1 EL weiße Sesamsaat

Zubereitung
1. Die Kartoffeln mit der Schale etwa 15 Minuten nicht zu weich kochen. Anschließend abgießen und kalt abbrausen.
2. Den Backofen auf 220 °C vorheizen.
3. Die Kartoffeln halbieren und mit einem Teelöffel vorsichtig aushöhlen. Dabei einen etwa ½ Zentimeter dicken Rand und Boden lassen. Die Kartoffelhälften auf ein mit Backpapier ausgelegtes Backblech setzen.
4. Die ausgehöhlte Kartoffelmasse mit dem Gemüse, dem Frischkäse und zwei Dritteln des Käses vermengen und in die Kartoffelhälften streichen. Den restlichen Käse darüberstreuen.
5. Die Kartoffeln im heißen Ofen 15 Minuten backen, herausnehmen und mit dem Sesam bestreuen.

Tipp: Verrühren Sie 100 g Naturjoghurt, 50 g Kräuterfrischkäse, 50 Milliliter Vollmilch, 3 Esslöffel fein gehackte gemischte Kräuter, etwas Zucker und Salz und einen Spritzer Zitronensaft und reichen Sie diesen Dip zu den Ofenkartoffeln.

> Ein raffiniertes Rezept zum »Verstecken« von Gemüse. Bismarckheringe schmecken dazu ganz besonders gut. Die Kartoffeln können auch kalt als leckerer Snack genossen werden.

 1 EW + 1 KI

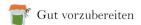 Gut vorzubereiten

 1 Stunde

Schmackhaftes Kartoffel-Gemüse-Gratin

300 g Kartoffeln
80 g Karotten
80 g Sahne
80 ml Vollmilch
½ TL Gewürzsalz
80 g Champignons
30 g Lauch
30 g frisch geriebener Käse (z. B. Parmesan)

Zubereitung

1. Die Kartoffeln waschen, schälen und auf dem Gemüsehobel in feine Scheiben hobeln.
2. Die Karotten schälen und ebenfalls in dünne Scheiben schneiden. Mit den Kartoffeln in einen Topf geben.
3. Sahne, Milch und das Gewürzsalz miteinander vermischen und über die Kartoffel-Karotten-Scheiben gießen. Aufkochen lassen und bei leichter Hitze 5 Minuten ziehen lassen.
4. Den Backofen auf 180 °C vorheizen.
5. Die Champignons abbürsten, den Lauch putzen und waschen und beides in kleine Stücke schneiden.
6. Die Kartoffel-Karotten-Mischung mit der Sahnesauce in eine Auflaufform geben.
7. Die Champignons, den Lauch und zuletzt den Käse darüberstreuen und im heißen Ofen etwa 35–40 Minuten backen.

Dieses Gratin schmeckt sowohl als Hauptspeise als auch als Beilage zu verschiedenen Fleischgerichten wie Hähnchen, Fleischküchle/Frikadellen oder Schnitzel. Bei den Gemüsesorten können Sie Ihrer Kreativität freien Lauf lassen. Brokkoli oder Blumenkohl sollten Sie zuerst blanchieren, damit sie auch wirklich gar werden. Als Hauptgericht können Sie auch 100 g Rinderhackfleisch oder gekochten Schinken in Würfeln dazugeben.

Vegetarische Hauptspeisen

 1 EW + 1 KI

 15 Minuten    Blitzrezept

Spaghetti mit Tomatensauce

180 g Vollkornspaghetti
3 EL Olivenöl
6 EL Tomatenmark
1 ½ TL Zucker
1 ½ TL getrocknete italienische Kräuter
3 EL Mehl
Nach Belieben: 50 g Sahne, Sauerrahm, klein geschnittene Oliven, getrocknete Tomaten, frische Tomatenstücke, Schinkenstreifen u. a.

> Eine superschnelle Sauce aus dem Küchenvorrat, die auf viele Arten variiert werden kann.
> Das Gericht schmeckt besonders gut mit frisch geriebenem Parmesan bestreut.

Zubereitung

1. Die Spaghetti in einem großen Topf in reichlich Salzwasser bissfest kochen.
2. Das Olivenöl in einem Topf leicht erhitzen und das Tomatenmark mit dem Zucker und den Kräutern anschwitzen. Das Mehl hinzufügen und alles zu einer homogenen Masse verrühren.
3. Nach und nach 300 Milliliter Wasser angießen, dabei stets rühren, damit sich keine Klümpchen bilden. Weitere Zutaten nach Belieben zufügen und einige Minuten köcheln lassen.
4. Sobald die Spaghetti bissfest sind, das Wasser abgießen und die Spaghetti mit der Tomatensauce servieren.

 2 EW + 1 KI

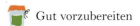 Gut vorzubereiten

 45 Minuten

Bunte Käsespätzle »Tricolore«

100 g Karotten
100 g TK-Erbsen
100 g Rote Bete, vorgekocht
400 g Dinkelmehl Type 1050

1 TL Salz
4 Eier
100 g frisch geriebener Käse (Emmentaler)

Käsespatzen sind bei uns im Allgäu *das* Freitagsessen. Diese Spätzle sind ein absoluter Blickfang, liefern gesundes Gemüse und schmecken schon den Allerkleinsten. Die Spätzle können ideal schon vorgekocht und dann unmittelbar vor dem Essen mit Käse bestreut werden. Auch als Beilage zu herzhaften Fleischgerichten sind sie sehr beliebt.
Zeitspartipp: Für eine schnelle Beilage die Spätzle ohne Gemüse nur aus der Hälfte der angegebenen Menge Mehl, Salz, Eier und Wasser zubereiten.

Zubereitung

1 Die Karotten schälen und in kleine Würfel schneiden. Zusammen mit den Erbsen in 100 Milliliter Wasser 15 Minuten weich garen. Darauf achten, dass die Erbsen und die Karotten später gut zu trennen sind.

2 Das weiche Gemüse jeweils getrennt in einem separaten Gefäß mit dem Stabmixer fein pürieren. Dabei das Garwasser mit verwenden. Die Rote Bete ebenfalls fein pürieren.

3 Mehl, Salz, Eier und 300 Milliliter Wasser mit einem Kochlöffel zu einem geschmeidigen, glatten Teig verarbeiten. Den Teig in drei gleiche Teile teilen und jeweils mit einem der Gemüsebreie verrühren.

4 Einen großen Topf zu zwei Drittel mit Wasser füllen und das Wasser zum Kochen bringen. Einen Spätzlehobel aufsetzen und zuerst den Erbsen-, dann den Karotten- und zuletzt den Rote-Bete-Teig einfüllen und hobeln.

5 Die Spätzle jeweils einmal aufkochen lassen und mit einem Schaumlöffel aus dem Wasser heben. (Die Spätzle sind fertig, wenn sie an der Oberfläche schwimmen.)

6 Die Spätzle in eine vorgewärmte Schüssel geben und mit dem Käse bestreuen. Dazu passt am besten gemischter Salat.

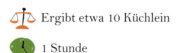 Ergibt etwa 10 Küchlein

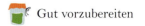 Gut vorzubereiten

1 Stunde

Hirse-Küchlein mit Kohlrabigemüse

100 g Karotten
30 g Lauch
1 EL Olivenöl
70 g Hirse
200 ml Gemüsebrühe
150 g Kohlrabi
½ EL Butter

Salz
schwarzer Pfeffer aus der Mühle
1 EL Petersilie, fein gehackt
1 Ei
2 EL Vollkornsemmelbrösel
1 EL Bratöl

> Das ist die vegetarische Alternative zu Fleischküchlein/Frikadellen. Wir essen auch gerne den Kräuter-Joghurt-Dip von Seite 49 dazu. Bleiben Küchlein übrig, schmecken sie später auch kalt aufs Brot oder als Snack für unterwegs oder können am nächsten Tag nochmal in der Pfanne erwärmt werden.

Zubereitung

1. Die Karotten schälen und auf einer Küchenreibe fein raspeln.
2. Den Lauch putzen, waschen und in feine Ringe schneiden.
3. Das Olivenöl in einem Topf erhitzen und das Gemüse andünsten. Die Hirse in einem feinen Sieb unter heißem Wasser gründlich waschen und zu dem Gemüse geben. Die Gemüsebrühe angießen und bei mittlerer Hitze etwa 10 Minuten köcheln lassen, anschließend auf der ausgeschalteten Herdplatte 20 Minuten quellen lassen.
4. Den Kohlrabi schälen und in schmale Streifen schneiden.
5. Die Butter in einem kleinen Topf zerlassen und den Kohlrabi leicht anschwitzen. Anschließend mit einer Prise Salz würzen und in wenig Wasser 15 Minuten garen.
6. Den Hirsebrei abkühlen lassen und, falls erforderlich, mit Salz und Pfeffer würzen. Petersilie, Ei und Semmelbrösel gleichmäßig unterrühren, bis eine gut formbare Masse entstanden ist.
7. Das Bratöl in einer Pfanne erhitzen, aus der Hirsemasse mit den Händen gleichmäßig große Küchlein formen und diese von beiden Seiten goldgelb braten.

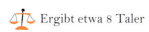 Ergibt etwa 8 Taler   Auf Vorrat

 1 Stunde

Knusprige Brokkoli-Kartoffel-Taler

500 g Kartoffeln
150 g Brokkoliröschen
100 g Karotten
1 Ei
1 TL Würzsalz
25 g Mehl
3 EL Olivenöl

Zubereitung

1. Die Kartoffeln waschen und in Wasser etwa 25 Minuten weich garen.
2. Den Brokkoli waschen und in einem Topf mit wenig Wasser etwa 10 Minuten garen.
3. Die Kartoffeln abgießen, pellen und durch die Kartoffelpresse drücken bzw. mit einem Kartoffelstampfer zerdrücken.
4. Die Brokkoliröschen fein zerteilen und unter die Kartoffelmasse mischen. Etwas abkühlen lassen.
5. Die Karotten schälen und auf einer Küchenreibe fein raspeln.
6. Karotten, Ei, Salz und Mehl unter die Kartoffel-Brokkoli-Masse geben und das Ganze zu einem gleichmäßigen Teig kneten.
7. Das Öl in einer Pfanne erhitzen. Aus dem Teig Taler von etwa 4 Zentimeter Durchmesser formen und von beiden Seiten 5 Minuten braten.

> Diese Taler eignen sich als feine vegetarische Hauptmahlzeit, als Beilage oder kalt für unterwegs. Sie lassen sich auch sehr gut im Voraus zubereiten und dann zum Essen einfach wieder erwärmen.

Ergibt etwa 8 Reibekuchen

 30 Minuten

 Blitzrezept

Kartoffel-Kürbis-Reibekuchen

400 g Kartoffeln
100 g Hokkaidokürbis
25 g Mehl
1 Ei
Salz
2 EL Bratöl

Ein köstlicher und gesunder Genuss zur Kürbissaison! Und wenn es keinen Kürbis gibt, ersetzen wir diesen einfach durch Karotten! Den Kleinen schmecken die Reibekuchen mit frischem Apfelkompott, die Großen bevorzugen Räucherlachs und eine Messerspitze Meerrettich.

Zubereitung

1. Die Kartoffeln auf einer Gemüsereibe fein raspeln. Sind die Kartoffeln noch sehr feucht, die Raspel durch ein feines Sieb oder Küchentuch sorgfältig ausdrücken.
2. Den Kürbis waschen, abbürsten, unschöne Hautstellen, den Stiel und die Kerne entfernen. Das Fruchtfleisch zu den Kartoffeln raspeln.
3. Mehl, Ei und eine Prise Salz hinzufügen und das Ganze zu einer gleichmäßigen Masse kneten.
4. Das Öl in einer Pfanne erhitzen und die Kartoffelmasse mit einem Esslöffel portionsweise in das heiße Öl geben, flach drücken und von beiden Seiten goldbraun braten.

Vegetarische Hauptspeisen

 1 EW + 1 KI    Gut vorzubereiten

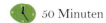 50 Minuten

Herzhafte Krautkrapfen

2 EL Butter
1 kleine Dose Sauerkraut (etwa 300–350 g)
150 g Dinkelmehl Type 1050
Salz
1 Ei
½ TL Obstessig
etwa 150 ml Gemüsebrühe

Zubereitung

1   1 Esslöffel Butter in einem Topf zerlassen. Das Sauerkraut zugeben und andünsten. Den Topf zudecken und 10–15 Minuten köcheln lassen, dabei mehrmals umrühren. Anschließend abkühlen lassen.

2   Für den Nudelteig das Mehl in eine Schüssel sieben. In die Mitte eine Mulde drücken. Eine Prise Salz, das Ei, 3–4 Esslöffel Wasser und den Essig hineingeben und mit den Händen oder den Knethaken des Handrührgerätes zu einem glatten Teig kneten.

3   Den Teig unter einer vorgewärmten Schüssel 10 Minuten ruhen lassen. Anschließend auf einer bemehlten Unterlage dünn ausrollen und kurz antrocknen lassen.

4   Den Teig mit dem Sauerkraut belegen und vom breiteren Ende her wie einen Strudel aufrollen. Den Teigstrudel in etwa 5 Zentimeter breite Stücke schneiden.

5   Die restliche Butter in einer tiefen Pfanne zerlassen, die Krapfen mit der offenen Seite nach unten einlegen und von beiden Seiten goldbraun braten.

6   Die Gemüsebrühe angießen und die Krapfen zugedeckt bei Mittelhitze etwa 20 Minuten garen. Bei Bedarf zusätzlich Flüssigkeit angießen.

Ein feines Wintergericht, das zusammen mit grünem Salat und einem Glas Milch gut schmeckt. Wer gleich eine größere Menge zubereitet, kann die Krapfen einfach wieder aufwärmen: Süße Schleckermäuler werden diese Apfelkrapfen lieben: Die Krapfen wie links beschrieben herstellen. Anstelle des Krauts mit 300 Gramm geriebenem Apfel und eventuell ein paar Rosinen befüllen. Zum Garen anstatt mit Gemüsebrühe mit verdünnter Milch (1 Teil Milch : 3 Teilen Wasser) begießen. Mit Zucker und Zimt bestreut oder mit warmer Vanillesauce (Rezept Seite 113) servieren.

⚖ 1 EW + 1 KI

🕐 1 Stunde 15 Minuten

Hähnchenschenkel mit Ofenkartoffeln

2 Hähnchenschenkel
2 EL Olivenöl
1 TL Zitronensaft
1 TL flüssiger Honig
1 Msp. Paprikapulver, edelsüß
Salz
4 mittelgroße Kartoffeln

100 g rote Paprikaschote
100 g Karotte
100 g Fenchel
1 kleine Zwiebel
3 EL Olivenöl
1 Zweig Rosmarin

> Ein Kinder-Klassiker! Auf dem Backblech kann Gemüse nach jedem Geschmack landen, z. B. auch Zucchini und Auberginen oder im Herbst Kürbisschnitze.

Zubereitung

1. Die Hähnchenschenkel unter kaltem Wasser kurz abbrausen und trocken tupfen.
2. Das Olivenöl mit Zitronensaft, Honig, den Gewürzen und einer Prise Salz zu einer Marinade verrühren und die Hähnchenschenkel rundum damit einreiben.
3. Den Backofen auf 200 °C vorheizen.
4. Die Kartoffeln waschen, abbürsten bzw. schälen und halbieren.
5. Die Paprikaschote waschen, halbieren und die Kerne sowie die Scheidewände entfernen. Die Karotte schälen, den Fenchel waschen und den Strunk entfernen. Das Gemüse in 3 Zentimeter große Würfel bzw. Scheiben schneiden.
6. Die Zwiebel schälen und achteln.
7. Die Kartoffeln und das Gemüse in eine Schüssel geben und das Olivenöl, ½ Teelöffel Salz und den geviertelten Rosmarinzweig hinzufügen. Alles sorgfältig miteinander vermengen.
8. Die Hähnchenschenkel mit dem Gemüse auf ein Backblech legen und 45–60 Minuten im heißen Ofen garen, bis die Kartoffeln weich sind. Zum Schluss den Rosmarin entfernen.

Lieblingsrezepte

 1 EW + 1 KI

 Gut vorzubereiten

 1 Stunde

Putenschmorbraten

1 TL Senf
1 TL flüssiger Honig
1 Msp. Currypulver
Salz
schwarzer Pfeffer aus der
  Mühle nach Belieben
200 g Putenbrust

1 EL Bratöl
100 ml Vollmilch
50 g Sahne
100 g Basmatireis
200 g TK-Erbsen
100 g rote Paprikaschote

Dieses Gericht lässt sich gut im Voraus zubereiten und muss vor dem Essen nur noch erhitzt werden.

Zubereitung

1. Den Senf mit dem Honig und den Gewürzen mischen.
2. Das Putenfleisch unter kaltem Wasser kurz abspülen, trocken tupfen und mit der Honig-Senf-Marinade einreiben.
3. Das Öl in einer Pfanne erhitzen und das Fleisch rundum anbraten.
4. Die Milch und die Sahne mischen, an das Fleisch gießen und das Ganze bei leichter Hitze 45 Minuten schmoren.
5. Den Reis, 200 Milliliter Wasser und die Erbsen mit einer Prise Salz in einem Topf zum Kochen bringen und 15–20 Minuten köcheln lassen.
6. Die Paprikaschote waschen, halbieren und die Kerne sowie die Scheidewände entfernen. In Würfel schneiden und diese 10 Minuten vor dem Ende der Garzeit zum Reis geben.
7. Den Braten aus der Sauce nehmen, in feine Scheiben schneiden und diese noch einmal kurz in der Sauce ziehen lassen.
8. Den Gemüsereis ringförmig auf einem Teller anrichten und das Putenfleisch mit der Sauce in die Mitte geben.

 1 EW + 1 KI   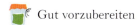 Gut vorzubereiten

 1 Stunde 15 Minuten

Lasagne

200 g Karotten
1 EL Olivenöl
½ Zwiebel, fein gehackt
100 g Rinderhackfleisch
100 g TK-Erbsen
1 kleine Dose stückige
  Tomaten
100 ml Gemüsebrühe
1 TL italienische Kräuter

30 g Butter
30 g Mehl
350 ml Vollmilch
Salz
schwarzer Pfeffer
  aus der Mühle
100 g Lasagneplatten
100 g frisch geriebener
  Parmesan

Zubereitung

1. Die Karotten schälen und in kleine Würfel schneiden.
2. Das Öl in einem Topf erhitzen und die Zwiebeln glasig anschwitzen. Die Karotten hinzufügen und kurz andünsten. Das Hackfleisch dazugeben und unter Rühren krümelig braten.
3. Erbsen, Tomaten, Gemüsebrühe und die Kräuter hinzufügen und bei mittlerer Hitze 20 Minuten garen.
4. Die Butter in einem Topf zerlassen, das Mehl darüberstäuben und unter ständigem Rühren erhitzen, bis es goldgelb ist.
5. Die Milch nach und nach mit einem Schneebesen einrühren. Die Sauce etwa 10 Minuten köcheln lassen, dabei hin und wieder rühren. Mit Salz und Pfeffer würzen.
6. Den Backofen auf 180 °C vorheizen.
7. Eine Auflaufform mit der Béchamelsauce ausstreichen. Die Lasagneplatten einlegen und nacheinander Hackfleischsauce, Béchamelsauce und 1 Esslöffel Käse darübergeben. In dieser Weise fortfahren, bis alle Zutaten aufgebraucht sind, die letzte Schicht sollte Béchamelsauce sein. Den restlichen Käse darüberstreuen. Im heißen Ofen 40 Minuten goldbraun backen.

> Ein Hit für kleine Genießer! Wer es lieber vegetarisch mag, kann das Hackfleisch durch Sojaschnitzel oder eine größere Menge Gemüse ersetzen.

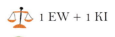 1 EW + 1 KI

 Gut vorzubereiten

🕐 45 Minuten

Kalbsgeschnetzeltes mit Gartenbohnen und Reis

150 g Naturreis
Salz
250 g Kalbsschnitzel
¼ Zwiebel
1 EL Öl

1 EL Mehl
30 ml Gemüsebrühe
30 g Sahne
300 g Gartenbohnen
100 g rote Paprikaschote

Zartes Kalbfleisch ist bei kleinen Essern besonders beliebt. Wer den Reis schon am Vorabend kocht, hat ein blitzschnelles Mittagessen auf dem Tisch.

Zubereitung

1. Den Reis in einem Sieb unter fließendem Wasser waschen. 300 Milliliter Wasser in einem Topf zum Kochen bringen, eine Prise Salz hinzufügen und den Reis 30 Minuten darin garen.
2. Das Kalbfleisch in mundgerechte Streifen schneiden.
3. Die Zwiebel schälen und fein hacken.
4. Das Öl in einem Bräter erhitzen und die Zwiebeln sowie die Fleischstreifen rundum anbraten.
5. Das Mehl darüberstäuben. Die Gemüsebrühe und die Sahne unter Rühren angießen und bei leichter Hitze 15–20 Minuten garen.
6. Die Bohnen waschen und den Stielansatz entfernen. Die Paprikaschote waschen, halbieren und die Kerne sowie die Scheidewände entfernen. In kleine Würfel schneiden.
7. Das Gemüse in einem weiteren Topf in wenig Wasser 15–20 Minuten weich garen.
8. Zum Servieren den Reis in eine Tasse geben und auf einen Teller stürzen. Eine Mulde hineindrücken und das Kalbsragout darin anrichten. An der Außenseite mit dem Gemüse umlegen.

 30 Minuten

 Blitzrezept

Schnitzelchen im Sesam-Brezel-Mantel

½ Vollkornbreze
2 EL Sesam
1 TL frische Kräuter, z. B. Petersilie oder Dill, fein gehackt
1 Ei
1 TL Rapsöl
2 EL Mehl
250 g Kalbs- oder Schweineschnitzel
1 EL Bratöl

> Diese Schnitzelchen punkten durch ihre raffinierte und gesunde Panade. Der Sesam enthält viel Eisen – super für gesundes Wachstum!
> **Tipp:** Sollte von der Panade etwas übrig bleiben, kann daraus ein feines Rührei gezaubert werden.

Zubereitung

1. Die Breze auf einer Küchenreibe oder in der Maschine zu feinem Paniermehl verreiben. In einem flachen Teller mit dem Sesam und den Kräutern vermischen.
2. Das Ei in einem tiefen Teller mit dem Rapsöl verschlagen und das Mehl in einen flachen Teller geben.
3. Die Schnitzel in mehrere kleine Stücke schneiden und vorsichtig flach klopfen.
4. Die Fleischstücke zuerst in dem Mehl wenden und das überschüssige Mehl abklopfen. Anschließend durch das Ei ziehen und in der Panade sorgfältig wenden.
5. Das Öl in einer Pfanne erhitzen und die Fleischstücke von beiden Seiten bei mittlerer Hitze 2–3 Minuten goldbraun braten. Die Pfanne während des Bratens nicht abdecken, da sich sonst die Panade löst.

Hauptgerichte mit Fleisch

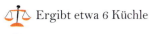 Ergibt etwa 6 Küchle

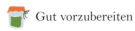 Gut vorzubereiten

 30 Minuten

 Blitzrezept

Leckere Gemüse-Fleischküchle

1 kleines trockenes Vollkornbrötchen
   (alternativ 6 EL Semmelbrösel)
100 g Zucchini
150 g Karotten
300 g Rinderhackfleisch
1 Ei
¼ TL Salz
2 EL Olivenöl

Zubereitung

1 Das Brötchen auf einer Reibe zu feinen Semmelbröseln reiben.
2 Die Zucchini waschen und den Blüten- und Stielansatz entfernen. Die Karotten schälen und zusammen mit der Zucchini fein raspeln.
3 Das Gemüse in einem Topf mit 2 Esslöffel Wasser bei mittlerer Hitze 10 Minuten garen, anschließend kurz abkühlen lassen.
4 Das Fleisch mit Ei, Gemüse, Semmelbröseln und Salz zu einer homogenen Masse kneten.
5 Das Öl in einer Pfanne erhitzen.
6 Aus der Masse mit feuchten Händen etwa sechs runde Küchlein formen und leicht platt drücken.
7 Die Gemüse-Fleischküchlein von beiden Seiten etwa 5 Minuten braten.

> Ob sie Fleischküchle, Frikadellen oder Buletten genannt werden – sie schmecken immer. Sie sind auch kalt als Snack für den Kindergarten perfekt, für unterwegs oder für das Sonntagspicknick. Sie können die Küchlein auch auf Vorrat zubereiten; im Kühlschrank sind sie zwei Tage haltbar.
> Als Beilage passt der bunte Kartoffelsalat von Seite 98.

1 EW + 1 KI

40 Minuten

Fischtöpfchen

100 g Naturreis
Salz
100 g Lachsfilet
100 g Kabeljau oder Seelachs
1 TL Zitronensaft
100 g Blumenkohl
1 TL Olivenöl

200 ml Milch
100 g Sahne
1 TL Gemüsebrühe oder
 Würzsalz
1 Tomate
2 TL Dill

> Ein Fischgericht, das sowohl gesunde Omega-3-Fettsäuren als auch wichtiges Jod liefert. Mit vorgekochtem Reis ein schnelles Blitzgericht.

Zubereitung

1. Den Reis in einem Sieb unter fließendem Wasser waschen. 200 Milliliter Wasser in einem Topf zum Kochen bringen, eine Prise Salz hinzufügen und den Reis 30 Minuten darin garen.
2. Den Fisch unter kaltem Wasser kurz abspülen, trocken tupfen, bei Bedarf entgräten und mit dem Zitronensaft einreiben.
3. Den Blumenkohl waschen und in Röschen zerteilen. Das Öl in einem breiten Topf erhitzen und die Blumenkohlröschen darin anschwitzen. Den Fisch einlegen, die Milch und die Sahne angießen, die Brühe hinzufügen und alles bei mittlerer Hitze 15 Minuten köcheln lassen.
4. Die Tomate waschen und den Stielansatz entfernen. Die Tomate in kleine Würfel schneiden. Kurz vor Ende der Garzeit zusammen mit der Hälfte des Dills hinzufügen.
5. Den Reis mit Hilfe einer kleinen Tasse in der Mitte eines tiefen Tellers anrichten und das Fischtöpfchen dazugeben. Mit dem restlichen Dill garnieren.

 1 EW + 1 KI

 30 Minuten  Blitzrezept

Lachs-Fischstäbchen in Zwiebackpanade

150 g TK-Lachsfilet
Saft von ½ Zitrone
2 Zwiebackscheiben
1 EL frisch geriebener Parmesan

1 Ei
1 TL Rapsöl
2 EL Mehl
2–3 EL Bratöl

> Lachs ist sehr gesund, er liefert viele wertvolle Omega-3-Fettsäuren. Aus dem TK-Fach ist er außerdem jederzeit schnell verfügbar. Achten Sie beim Einkauf auf biologisch erzeugten Zuchtlachs oder kontrollierten Wildfang. Als Beilage schmeckt der Kartoffelsalat von Seite 98.

Zubereitung

1. Den Lachs auftauen lassen, unter kaltem Wasser waschen und trocken tupfen. Mit dem Zitronensaft beträufeln und anschließend in mehrere kleine Stücke schneiden.
2. Die Zwiebackscheiben auf einer Küchenreibe oder in der Küchenmaschine zu feinem Paniermehl reiben. Auf einem flachen Teller mit dem Parmesan vermengen.
3. Das Ei in einem tiefen Teller mit dem Rapsöl verschlagen und auf einen weiteren flachen Teller das Mehl stäuben.
4. Die Lachsstückchen zuerst in dem Mehl wenden, das überschüssige Mehl abklopfen. Anschließend durch das Ei ziehen und in der Zwieback-Parmesan-Mischung sorgfältig wenden.
5. Das Öl in einer Pfanne erhitzen und die Lachsstückchen von beiden Seiten bei mittlerer Hitze 2–3 Minuten goldbraun braten. Anschließend herausnehmen und auf Küchenpapier abtropfen lassen. Die Pfanne während des Bratens nicht abdecken, da sich sonst die Panade löst.

 1 EW + 1 KI

 30 Minuten   ⚡ Blitzrezept

Bandnudeln mit Zucchini-Lachs-Sauce

200 g TK-Lachsfilet
100 g grüne Zucchini
100 g gelbe Zucchini
1 EL Rapsöl
150 g Vollkorntagliatelle
(alternativ Spaghetti)
Salz
100 ml Vollmilch
4 Safranfäden
100 g Sahne
Würzsalz

Zubereitung
1. Den Lachs auftauen lassen, unter kaltem Wasser waschen und trocken tupfen.
2. Die Zucchini waschen und den Blüten- und Stielansatz entfernen. Auf einer Gemüsereibe fein raspeln.
3. Das Öl in einer Pfanne erhitzen und die Zucchini andünsten. Den Lachs dazugeben und alles zugedeckt 15 Minuten garen.
4. Die Nudeln in Salzwasser 8–10 Minuten bissfest kochen.
5. Die Milch erwärmen und die Safranfäden darin auflösen.
6. Die Safranmilch und die Sahne mit den Zutaten in der Pfanne vermengen. Den Lachs mit einem Löffel in mundgerechte Stücke zerteilen und weitere 5 Minuten bei leichter Hitze köcheln lassen. Mit Würzsalz abschmecken.
7. Die Nudeln durch ein Sieb abgießen und in die Zucchini-Lachs-Sauce geben. Vor dem Servieren kurz ziehen lassen.

Ein schnelles und gesundes Rezept, das sich mit verschiedenen Gemüsesorten variieren lässt und mit TK-Lachs rasch verfügbar ist.
Tipp: Wer keine Zucchini im Gemüsefach hat, kann auch klein geschnittenen Fenchel oder TK-Erbsen verwenden.
Wer es gerne leicht scharf hat, sorgt mit ein wenig Ingwer für den besonderen Pepp. Dafür ein kleines Stück frischen Ingwer durch eine Knoblauchpresse geben und kurz vor dem Verzehr unter die Nudeln mischen.

Fischgerichte

1 EW + 1 KI

1 Stunde

Kabeljau mit Tomaten-Bröselhaube und Brokkolireis

250 g TK-Kabeljau
½ EL Zitronensaft
2 EL Butter
1 EL gemischte TK-Kräuter
3 EL Semmelbrösel
1 Tomate
3 halbe getrocknete Tomaten
1 TL mittelscharfer Senf
100 g Basmatireis
½ TL Würzsalz
100 g TK-Brokkoli
Fett für die Form

Zubereitung

1 Den Kabeljau 20 Minuten bei Raumtemperatur auftauen lassen. Anschließend unter kaltem Wasser waschen und trocken tupfen. Mit dem Zitronensaft einreiben.
2 Den Backofen auf 180 °C vorheizen.
3 Die Butter mit den Kräutern und den Semmelbröseln verkneten.
4 Die Tomate waschen und den Stielansatz entfernen. Die Tomate in kleine Würfel schneiden. Die getrockneten Tomaten ebenfalls in kleine Würfel schneiden und mit den frischen Tomatenwürfeln unter die Kräuter-Semmelbrösel-Butter kneten.
5 Den Fisch in eine gefettete Auflaufform legen, mit dem Senf bestreichen und die Tomaten-Kräuter-Butter in Flocken daraufflegen. Im heißen Ofen 25–30 Minuten garen.
6 In der Zwischenzeit den Reis waschen. In einem Topf mit 200 Milliliter Wasser, dem das Würzsalz zugesetzt wird, zusammen mit dem Brokkoli 15 Minuten garen. Anschließend durch ein Sieb abgießen. Vor dem Servieren sorgfältig umrühren, sodass der Brokkoli fein zerkleinert wird. Mit dem Fisch anrichten.

> Ein Fischgericht, das mit Zutaten aus dem Tiefkühlfach schnell verfügbar ist. Natürlich können Sie nach Saison auch frische Zutaten verwenden. Anstatt Kabeljau eignet sich auch Seelachs. Die Tomate kann auch gegen Zucchinistückchen ausgetauscht werden.

Lieblingsrezepte

 1 EW + 1 KI

1 Stunde

Haferflockenauflauf

500 g Äpfel (am besten Boskop)
3 Eier
Salz
50 g Zucker
500 ml Milch
200 g Haferflocken
Zauberzucker nach Belieben
  (siehe Seite 115)

Zubereitung
1 Den Backofen auf 180 °C vorheizen.
2 Die Äpfel schälen, das Kerngehäuse entfernen und das Fruchtfleisch in kleine Stücke schneiden.
3 Die Eier trennen. Das Eiweiß mit einer Prise Salz steif schlagen.
4 Die Eigelbe mit dem Zucker schaumig schlagen und die Milch sowie die Haferflocken unterrühren. Zuletzt die Apfelstückchen und den Eischnee locker unterheben.
5 Den Auflauf im heißen Ofen etwa 40 Minuten backen. Vor dem Servieren nach Belieben mit Zauberzucker bestreuen.

Ein Auflauf, der der Gesundheit förderlich ist, da er viel Eisen enthält. Er schmeckt auch kalt.

Süße Hauptspeisen

1 EW + 1 KI

45 Minuten

Saftiger Kürbisschmarrn

120 g Hokkaidokürbis
1 TL Butter
2 Eier
Salz
1 EL Zucker
etwas abgeriebene Schale
   von ½ Biozitrone

100 ml Milch
100 ml Kokosmilch
70 g Dinkelmehl
   Type 1050
3 TL Kokosfett, nativ

Zubereitung
1. Den Kürbis waschen, abbürsten, unschöne Hautstellen, Stiel und Kerne entfernen und das Fruchtfleisch grob raspeln.
2. Die Butter in einer Pfanne zerlassen und die Kürbisraspel 5 Minuten dünsten.
3. Die Eier trennen. Das Eiweiß mit einer Prise Salz steif schlagen. Die Eigelbe mit dem Zucker und dem Zitronenabrieb schaumig rühren.
4. Die Milch und die Kokosmilch unter die Eigelbmasse rühren, das Mehl darübersieben und alles zu einem feinen Teig rühren.
5. Den Kürbis und den Eischnee mit einem Schneebesen locker unter den Teig ziehen.
6. Den Backofen auf 80 °C (Ober-/Unterhitze) vorheizen.
7. 1 Teelöffel Kokosfett in einer Pfanne erhitzen und ein Drittel des Teiges einfüllen. Bei mittlerer Hitze von beiden Seiten je 2–3 Minuten backen, anschließend mit zwei Gabeln locker auseinanderzupfen. Mit dem übrigen Teig ebenso verfahren.
8. Den fertigen Schmarrn mindestens 10 Minuten im Backofen nachziehen lassen.

> Eine raffinierte Schmarrnvariation, bei der nur ein wenig gesundes Gemüse hineingemogelt wird. Der Schmarrn schmeckt auch kalt als Kindergartensnack oder für unterwegs. Zu diesem Kürbisschmarrn eignet sich sehr gut Apfelkompott.

2 EW + 1 KI

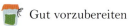
Gut vorzubereiten

1 Sunde 15 Minuten

Milchreis-Quark-Auflauf mit Zwetschgenmus

50 g Zucker
2 Eier
250 g Quark (Magerstufe)
abgeriebene Schale von ½ Biozitrone
100 g Rundkornreis
500 ml Milch
1 EL Butter für die Form
300 g Zwetschgen
½ Zimtstange

Zubereitung

1. Den Backofen auf 180 °C vorheizen.
2. Den Zucker mit den Eiern schaumig schlagen und den Quark sowie den Zitronenabrieb unterrühren.
3. Den Reis und die Milch zugeben und gleichmäßig verrühren.
4. Eine Auflaufform mit der Butter ausstreichen. Die Masse einfüllen und im heißen Ofen etwa 60 Minuten backen.
5. Die Zwetschgen waschen, halbieren und entsteinen. Zusammen mit 50 Milliliter Wasser und der Zimtstange in einem Topf zum Kochen bringen und bei leichter Hitze 10 Minuten köcheln lassen.
6. Die Zimtstange entfernen und das Kompott abkühlen lassen. Den Reisauflauf mit dem Zwetschgenkompott servieren.

> Das Richtige für kleine Süßschnäbel. Der Reisauflauf schmeckt warm und kalt hervorragend. Wer möchte, kann ihn zur Abwechslung mit Apfelkompott oder selbst gemachter Vanillesauce (Seite 113) probieren.

2 EW + 1 KI

Gut vorzubereiten

30 Minuten + 1 Nacht Kühlzeit

Birnentiramisu für kleine Naschkatzen

Tiramisu mal anders! Ganz ohne Eier und Alkohol, dafür mit saftigen Birnen und lockerer Mascarpone-Quark-Creme ein gesunder Genuss. Im Voraus zubereitet, hält sich das Tiramisu im Kühlschrank zwei Tage, allerdings weicht der Biskuit dann mehr durch.
Tipp: Anstelle der Löffelbiskuits können Sie auch zerkrümelte Keksreste nehmen und diese mit Kakaomilch etwas tränken.

350 g Birnen
⅓ Päckchen Vanillesauce
2 EL Zucker
250 ml Milch
100 g Mascarpone
100 g Quark (Magerstufe)

1 ½ TL Kakaopulver, stark entölt, oder Getreidekaffee
½ EL Zucker
1 Messerspitze Bourbon-Vanillepulver
100 g Löffelbiskuits

Zubereitung

1 Die Birnen waschen, schälen, das Kerngehäuse entfernen und das Fruchtfleisch auf einer Küchenreibe fein raspeln.

2 Das Saucenpulver mit dem Zucker und 5 Esslöffel Milch anrühren. 160 Milliliter Milch in einem Topf zum Kochen bringen, das angerührte Saucenpulver dazugeben und unterrühren. 2 Minuten köcheln lassen (Achtung: Die Konsistenz ähnelt nun Pudding!).

3 Die Sauce etwas abkühlen lassen. Anschließend mit dem Handrührgerät mit dem Mascarpone und dem Quark zu einer gleichmäßigen Masse rühren.

4 Die restliche Milch erhitzen, das Kakaopulver bzw. den Getreidekaffee, den Zucker und das Vanillepulver zugeben. Die Löffelbiskuits mit der Flüssigkeit beträufeln.

5 In einer Auflaufform nacheinander die Biskuits, die Birnen und eine Schicht Creme geben. Das Ganze wiederholen, bis alle Zutaten aufgebraucht sind. Mit der Creme abschließen.

6 Das Tiramisu über Nacht im Kühlschrank fest werden lassen. Vor dem Servieren mit etwas Kakaopulver bestreuen.

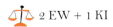 2 EW + 1 KI

 Gut vorzubereiten

 45 Minuten + 1 Stunde Kühlzeit

Heidelbeer-Holunder-Joghurt-Creme

150 g Heidelbeeren, frisch oder TK-Ware
3 Blatt weiße Gelatine
150 g frische Holunderbeeren
2 ½ EL Zucker
200 g Naturjoghurt
100 g Sahne
1 Msp. Bourbon-Vanillepulver
3 Blättchen Zitronenmelisse

Zubereitung

1. Die Heidelbeeren waschen und abtropfen bzw. auftauen lassen. Dabei neun Stück beiseitelegen.
2. Die Gelatine in etwas kaltem Wasser 10 Minuten einweichen. Anschließend sorgfältig ausdrücken.
3. Die Holunderbeeren mit 50 Milliliter Wasser und 2 Esslöffel Zucker in einem Topf aufkochen und 10 Minuten köcheln lassen.
4. Die Heidelbeeren mit der Holunder-Zucker-Masse pürieren und die Gelatine einrühren. Die Masse durch ein feines Sieb streichen und auf Raumtemperatur abkühlen lassen. Den Joghurt hinzufügen und alles 10 Minuten kalt stellen.
5. Die Sahne mit dem restlichen Zucker und dem Vanillepulver steif schlagen. Drei Viertel der Sahne unter die Beerencreme rühren. Abwechselnd mit der restlichen Sahne in Gläser füllen, zum Schluss mit einem Tupfer Sahne, einem Melissenblatt und drei Heidelbeeren dekorieren.
6. Vor dem Anrichten die Creme im Kühlschrank 1 Stunde kalt stellen.

> Dieses gesunde Herbstdessert schmeckt wunderbar. Wer möchte, kann es auch gerne mit Himbeeren statt Heidelbeeren und Holunder zubereiten. Im Kühlschrank hält es sich zwei Tage.

 2 EW + 1 KI

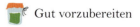 Gut vorzubereiten

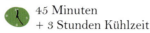 45 Minuten
+ 3 Stunden Kühlzeit

Kokos-Panna cotta mit Mirabellen-Apfel-Mus

4 Blatt Gelatine
150 g Sahne
100 ml Kokosmilch
1 EL Zucker
2 Msp. Bourbon-Vanillepulver

120 g Äpfel, geschält und gewürfelt
120 g Mirabellen
1 Biolimette
2 TL Kokosraspel

> Ein kulinarischer Traum von Spätsommer und Südsee! Im Voraus zubereitet, hält sich die Creme im Kühlschrank zwei Tage. Anstatt Mirabellen-Apfel-Mus schmeckt auch eine reife pürierte Mango.

Zubereitung

1. Die Gelatine in 4 Esslöffel kaltem Wasser 10 Minuten einweichen.
2. Die Hälfte der Sahne mit Kokosmilch, Zucker und einer Messerspitze Vanillepulver in einem Topf unter Rühren erhitzen.
3. Die Hälfte der eingeweichten Gelatine in der Kokossahne auflösen und sorgfältig verrühren. Kalt stellen.
4. Die Mirabellen waschen, entkernen und halbieren. Drei Mirabellenhälften beiseitelegen.
5. Das Obst mit 30 Milliliter Wasser in einem Topf aufkochen lassen und in 5 Minuten zu Mus kochen. Kurz abkühlen lassen.
6. Die Limette waschen und ein Drittel der Schale abreiben. Den Limettenabrieb mit einer Messerspitze Vanillepulver unter das Obstmus rühren und alles mit dem Stabmixer fein pürieren.
7. Die restliche Gelatine in dem heißen Obstmus auflösen und dieses mit dem Stabmixer nochmals kurz pürieren. Kalt stellen.
8. Die restliche Sahne steif schlagen. Sobald die abgekühlte Kokossahne fest zu werden beginnt, die steif geschlagene Sahne mit einem Schneebesen unterheben.
9. Abwechselnd die Panna cotta und das Mus in Gläser füllen und im Kühlschrank mindestens 3 Stunden kalt stellen. Mit den Kokosraspeln und je einer halben Mirabelle dekorieren.

 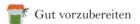

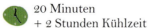

Mandelmilch-Erdbeer-Kaltschale

300 g Erdbeeren
1 Biozitrone
120 g Quark
1 ½ EL Honig
1 Msp. Bourbon-Vanillepulver

4 Blatt Gelatine
60 ml Mandelmilch
1 TL Butter
2 EL gemahlene Mandeln
1 TL Zucker

Zubereitung

1. Die Erdbeeren waschen und verlesen.
2. Die Zitrone waschen und die Hälfte der Schale fein abreiben.
3. Zitronenabrieb, Quark, Honig, Vanillepulver und 150 g Erdbeeren mit dem Stabmixer pürieren.
4. Die Gelatine in die Mandelmilch geben und 10 Minuten quellen lassen. Anschließend unter Rühren erhitzen, bis sich die Gelatine vollständig aufgelöst hat. Auf Raumtemperatur abkühlen lassen.
5. Den Erdbeerquark mit einem Schneebesen oder dem Handrührgerät nach und nach unter die Mandelmilch rühren.
6. Die Creme in zwei Dessertschalen füllen und mindestens zwei Stunden kalt stellen.
7. Die Butter in einer kleinen Pfanne zerlassen und die Mandeln sowie den Zucker karamellisieren lassen.
8. Die restlichen Erdbeeren klein schneiden, mit der Mandelmilch-Erdbeer-Kaltschale anrichten und mit den karamellisierten Mandeln bestreuen.

> Reife rote Erdbeeren lassen jedes Kinder- und Erwachsenenherz höher schlagen. Mit Mandeln kombiniert, ein besonderer gesunder Genuss.
> **Tipp:** Wer die Kühlzeit nicht abwarten möchte, kann die Erdbeer-Quark-Masse mit den klein geschnittenen Erdbeeren vermischen und so vernaschen.

Feine Nachtische, Snacks und Knabbereien

 1 EW + 1 KI

🕐 30 Minuten    Blitzrezept

Grießpudding mit heißen Kirschen

200 ml Milch
50 g Sahne
1 EL Zucker
1 Prise Bourbon-Vanillepulver
35–50 g Dinkelgrieß (je nach gewünschter Festigkeit)
150 g Sauerkirschen im Glas
2 EL Speisestärke

Zubereitung

1. Milch, Sahne, Zucker und Vanillepulver in einem Topf zum Kochen bringen. Den Topf vom Herd nehmen und den Grieß unter ständigem Rühren einrieseln lassen. Nochmals unter Rühren aufkochen lassen.
2. Den Grießbrei in zwei hitzebeständige Schüsselchen gießen und kalt stellen.
3. Die Kirschen sorgfältig abtropfen lassen und den Saft auffangen.
4. Die Speisestärke mit 4 Esslöffeln Saft glatt rühren.
5. 150 Milliliter Saft in einem Topf zum Kochen bringen, die Speisestärkemischung mit einem Schneebesen einrühren und 1 Minute aufkochen lassen.
6. Die Kirschen in die heiße Sauce geben und ziehen lassen.
7. Den kalten Grießpudding auf einen Teller stürzen und mit den heißen Kirschen servieren.

Ein süßer Kindertraum – nicht nur für die Kleinsten! Wer den Grießpudding besonders zart mag, kann anstelle von Dinkelgrieß dieselbe Menge Weichweizengrieß nehmen.
Zeitspartipp: Wem die Zeit zum Abkühlen zu lang ist, kann sich das warme Grießmus zusammen mit ein paar Kirschen oder Apfelkompott und einer Prise Zimt schmecken lassen.
Variation: Für unterwegs sind Grießschnitten ein feiner Snack. Hierfür das Grießmus fingerdick auf ein gefettetes Backblech streichen und über Nacht etwas trocknen lassen. Anschließend in Streifen schneiden und in wenig Butter in einer Pfanne goldbraun braten.

 2 EW + 1 KI

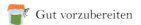 Gut vorzubereiten

 45 Minuten
+ 1 Stunde Kühlzeit

Biskuit mit Himbeer-Joghurt-Creme im Glas

150 g Himbeeren, frisch oder TK-Ware
1 Ei
40 g Zucker
Salz

20 g Dinkelmehl Type 1050
20 g Speisestärke
75 g Sahne
75 g Naturjoghurt

Zubereitung

1. Die Himbeeren waschen und abtropfen bzw. auftauen lassen.
2. Den Backofen auf 200 °C vorheizen.
3. Das Ei trennen. Das Eiweiß mit 15 Gramm Zucker und einer Prise Salz steif schlagen. Das Eigelb mit 10 Gramm Zucker cremig rühren.
4. Das Mehl und die Speisestärke auf die Eigelbcreme sieben, den Eischnee darübergeben und mit einem Schneebesen vorsichtig unterheben.
5. Den Teig 1 Zentimeter dick auf ein mit Backpapier ausgelegtes Backblech streichen und im heißen Ofen auf der mittleren Schiene 8–10 Minuten backen.
6. Ein feuchtes Küchenhandtuch mit dem restlichen Zucker bestreuen, den Biskuit darauf stürzen und auskühlen lassen.
7. Die Sahne steif schlagen und den Joghurt unterrühren. Ein Drittel der Himbeeren unter die Sahne-Joghurt-Masse heben.
8. Den Biskuit in kleine Stücke zupfen.
9. Zum Anrichten die Gläser abwechselnd mit den Biskuitstücken, dem Joghurt und den restlichen Himbeeren füllen und mindestens 1 Stunde in den Kühlschrank stellen.

> Besonders attraktiv präsentiert sich dieses Dessert in Gläsern. Für die Erwachsenen sollten die Gläser ein Fassungsvermögen von je 200 ml haben, für die Kinderportion 100 ml. Wenn es mal schnell gehen soll, kaufen Sie fertigen Biskuitboden. Fast jeder Supermarkt hat ihn in unterschiedlichen Varianten und Größen vorrätig.

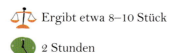 Ergibt etwa 8–10 Stück

 Gut vorzubereiten

2 Stunden

Apfelstrudel

200 g Dinkelmehl Type 1050
1 TL Butter
Salz
1 Ei
1 TL Apfelessig (alternativ anderer heller Essig)
1 ½ kg Äpfel
50 g Rosinen
½ TL Ceylon-Zimtpulver
1 Spritzer Zitronensaft
1 Eiweiß
100 g Quark (Magerstufe)
1 EL Butter für die Form

Ein feiner Strudel, der sich sowohl als süßes Hauptgericht als auch für den Kaffeeklatsch am Nachmittag eignet. Auch als nahrhafte Zwischenmahlzeit ist er willkommen. Mit der Füllung können Sie variieren. Zu empfehlen sind auch Birnen und gemahlene Haselnüsse oder Mirabellen bzw. Zwetschgen und Walnüsse. Der Apfelstrudel kann ganz problemlos vorgebacken und anschließend aufgewärmt oder auch einfach kalt gegessen werden. Wer möchte, kann auch einzelne Stücke auf Vorrat einfrieren.

1. Aus Mehl, Butter, einer Prise Salz, 6 Esslöffeln heißes Wasser, Ei und Essig einen gleichmäßigen glatten Teig kneten. Anschließend den Teig mehrmals fest auf die Arbeitsplatte schlagen und unter einer angewärmten Schüssel 45 Minuten ruhen lassen.
2. Die Äpfel schälen, das Kerngehäuse entfernen und das Fruchtfleisch in kleine Würfel schneiden. Mit den Rosinen, Zimt und Zitronensaft vermengen.
3. Den Backofen auf 180 °C vorheizen.
4. Den Teig auf einem bemehlten Mull- oder Küchentuch fein ausrollen, mit den Händen ausziehen, bis er möglichst dünn ist.
5. Das Eiweiß steif schlagen, unter den Quark ziehen und das Ganze auf den Teig streichen.
6. Die Apfel-Rosinen-Masse gleichmäßig darauf verteilen und den Strudel von seinem breiten Ende her mit Hilfe des Tuchs aufrollen.
7. Ein Backblech mit der Butter ausstreichen und den Strudel darauflegen. Im heißen Ofen 40–45 Minuten backen. Dabei immer wieder mit der austretenden Flüssigkeit bestreichen.
8. Den Apfelstrudel in Stücke schneiden und z. B. mit Vanillesauce (Rezept Seite 113) servieren.

Für zwischendurch und unterwegs

 Ergibt 1 Kuchen, etwa 12 Stück   Gut vorzubereiten

1 Stunde 30 Minuten
+ 35 Minuten Backzeit

Zwetschgenkuchen

300 g Dinkelmehl Type 1050
30 g Zucker
150 g kalte Butter
Salz
1 EL Apfelessig (alternativ anderer heller Essig)

800 g Zwetschgen
Butter für die Form
150 g Sahne
1 Ei
2 EL Zucker

1. Mehl, Zucker, Butter, eine Prise Salz, 12 Esslöffel Wasser und Essig zügig zu einem glatten Teig kneten. Den Teig zu einer Kugel formen, in Folie wickeln und 1 Stunde im Kühlschrank ruhen lassen.
2. Die Zwetschgen waschen, halbieren und entsteinen.
3. Den Backofen auf 200 °C vorheizen.
4. Den Teig in einer gefetteten Tarte-Form ausrollen (dazu eignet sich am besten ein kleines rundes Trinkglas) und mit den Fingern einen Rand formen.
5. Die Zwetschgen mit der offenen Seite nach oben auf dem Teig verteilen und den Kuchen auf einem Gitterrost im heißen Ofen 10 Minuten backen.
6. Die Sahne mit dem verschlagenen Ei und dem Zucker verrühren (nicht steif schlagen!).
7. Die Sahnemasse über den Kuchen geben und weitere 25 Minuten backen.

> Ein Teig – zwei Rezepte. Auch für die Erdmandel-Dinkel-Butterkekse auf Seite 90 wird dieser Teig hergestellt. Bereiten Sie doch am besten gleich die doppelte Menge Teig zu.

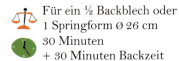
Für ein ½ Backblech oder
1 Springform Ø 26 cm
30 Minuten
+ 30 Minuten Backzeit

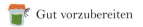
Gut vorzubereiten

Nuss-Rübli-Schnittchen

200 g Karotten
4 Eier
Saft von ½ Zitrone
Salz
50 g Butter
50 g Zucker

200 g gemahlene Haselnüsse
50 g Dinkelvollkornmehl
  Type 1050
50 g Naturjoghurt
½ Orange
Fett für das Backblech

> Diese Schnittchen schmecken zu jeder Tageszeit. Auf Vorrat gebacken lassen sie sich gut auch stückweise einfrieren.

Zubereitung

1. Die Karotten waschen, eventuell schälen und fein reiben.
2. Den Backofen auf 180 °C vorheizen.
3. Die Eier trennen. Das Eiweiß mit dem Zitronensaft und einer Prise Salz steif schlagen.
4. Die Butter mit dem Zucker schaumig rühren. Nacheinander Eigelbe, Karotten, Haselnüsse, Mehl und Joghurt unter Rühren hinzufügen. Anschließend den Eischnee locker unterheben.
5. Den Teig auf die Hälfte eines gefetteten Backblechs streichen und etwa 30 Minuten backen.
6. Die Orange auspressen, in den noch warmen Kuchen mit einem Zahnstocher kleine Löcher pieksen und den Kuchen mit dem Saft bepinseln. Nochmals 5 Minuten im ausgeschalteten Backofen ziehen lassen.
7. Den ausgekühlten Kuchen in zwölf kleine Quadrate schneiden.

Für zwischendurch und unterwegs

Ergibt etwa 16–18 Stück oder 1 Kastenform

20 Minuten
+ 30–40 Minuten Backzeit

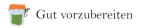

Gut vorzubereiten

Zucchini-Nuss-Muffins

350 g Zucchini
3 Eier
Salz
150 g Zucker
150 ml Sonnenblumenöl
250 g Mehl
1 Päckchen Backpulver
60 g Kakaogetränkepulver

1 TL Ceylon-Zimtpulver
150 g Haselnüsse
50 g Crème fraîche (oder Sauerrahm)
100 ml Mandelmilch (oder Kuhmilch)
Fett für die Förmchen

Zubereitung

1. Die Zucchini waschen und den Blüten- und Stielansatz entfernen. Die Zucchini auf einer Küchenreibe grob raspeln.
2. Den Backofen auf 180 °C vorheizen.
3. Die Eier trennen. Die Eiweiße mit einer Prise Salz steif schlagen. Die Eigelbe mit dem Zucker schaumig rühren, das Öl dazugeben und glatt rühren.
4. Das Mehl mit dem Backpulver auf die Eigelbmasse sieben und zusammen mit dem Kakaogetränkepulver, dem Zimt und den Nüssen unterrühren.
5. Die Crème fraîche, die Milch und die Zucchini sorgfältig unterrühren, sodass eine geschmeidige Teigmasse entsteht. Anschließend den Eischnee auf den Teig geben und mit einem Schneebesen locker unterziehen.
6. Den Teig in gefettete Muffinförmchen füllen und im heißen Ofen 30–40 Minuten backen.

> Saftige Muffins, die der ganzen Familie schmecken! Und die Extraportion Gemüse gibt es obendrein dazu. Wer keine Zucchini hat, kann auch geraspelte Karotten oder Hokkaidokürbis versuchen.

Für zwischendurch und unterwegs

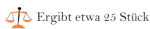 Ergibt etwa 25 Stück

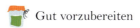 Gut vorzubereiten

 45 Minuten
+ 15–20 Minuten Backzeit

Rosinen-Nuss-Schnecken

125 g Quark (Magerstufe)
100 g Butter
1 EL Zucker
150 g Dinkelmehl Type 1050
1 TL Backpulver
1 Prise Bourbon-Vanillepulver

Salz
2 EL Zimtzucker
50 g Rosinen, ungeschwefelt
100 g gemahlene Nüsse,
    z. B. Haselnüsse
Fett für das Backblech

> Feine Schnecken aus lockerem Quark-Mürbeteig mit gesunder Füllung. Die Schnecken halten sich gut eingepackt bis zu fünf Tage.

Zubereitung

1. Aus Quark, 60 Gramm weicher Butter, Zucker, Mehl, Backpulver, Vanille, einer Prise Salz und 1 Esslöffel Zimtzucker von Hand oder mit den Knethaken eines Handrührgerätes einen glatten Teig herstellen.
2. Den Teig etwa 15 Minuten im Kühlschrank ruhen lassen, anschließend auf einer bemehlten Unterlage ein Rechteck von etwa 3 Millimeter Stärke ausrollen.
3. Die restliche Butter zerlassen und auf den Teig streichen. Mit Zimtzucker bestreuen und die Rosinen und die Nüsse darauf verteilen.
4. Den Backofen auf 180 °C vorheizen.
5. Den Teig von seinem breiten Ende her aufrollen und in 2 Zentimeter dicke Stücke schneiden. Die Stücke mit der Schnittfläche nach unten auf ein gefettetes Backblech legen und im heißen Ofen etwa 15–20 Minuten backen.

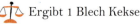 Ergibt 1 Blech Kekse

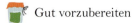 Gut vorzubereiten

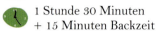 1 Stunde 30 Minuten + 15 Minuten Backzeit

Erdmandel-Dinkel-Butterkekse

300 g Dinkelmehl Type 1050
50 g gemahlene Erdmandeln
30 g Zucker
150 g kalte Butter
Salz
1 EL Apfelessig (alternativ anderer heller Essig)
2 EL Aprikosenmarmelade

Zubereitung

1. Mehl, Erdmandeln, Zucker, Butter, eine Prise Salz, 12 Esslöffel Wasser und Essig zügig zu einem glatten Teig kneten. Den Teig zu einer Kugel formen, in Folie wickeln und 1 Stunde im Kühlschrank ruhen lassen.
2. Den Backofen auf 200 °C vorheizen.
3. Den Teig etwa 2 Millimeter dick ausrollen und mit einer Ausstechform Kekse ausstechen. Der Teig darf dabei nicht warm werden, eventuell zwischendurch kühl stellen.
4. Die Kekse auf ein mit Backpapier ausgelegtes Backblech legen und im heißen Ofen etwa 15 Minuten backen, bis die Kekse hell gebräunt sind.
5. Die noch heißen Kekse mit der Aprikosenmarmelade bestreichen und abkühlen lassen.

Erdmandeln enthalten viele ungesättigte Fettsäuren und Mineralstoffe und unterstützen durch ihren hohen Ballaststoffgehalt die Verdauung. Die vollwertigen Kekse enthalten nur wenig Zucker und machen gut und lange satt. Wer möchte, kann unter den Teig auch noch eine Handvoll in kleine Würfel geschnittene Trockenaprikosen oder Datteln geben.

Für zwischendurch und unterwegs

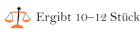 Ergibt 10–12 Stück

 30 Minuten
+ 15 Minuten Backzeit

 Gut vorzubereiten

 Blitzrezept

Schnelle Mais-Käse-Kipferl

100 g Quark (Magerstufe)
5 EL Milch
5 EL Rapsöl
1 TL Zucker
1 TL Salz
1 Ei
250 g Dinkelmehl Type 1050
½ Päckchen Backpulver
50 g frisch geriebener Parmesan
1 kleine Dose Mais (300 g)

Zubereitung

1. Aus Quark, Milch, Öl, Zucker, Salz, Ei, Mehl und Backpulver einen glatten Teig herstellen. Den Teig etwa 3 Millimeter dick ausrollen und in 10–12 gleich große Quadrate schneiden.
2. Den Backofen auf 175 °C vorheizen.
3. Die Teigquadrate auf einer Diagonalhälfte mit dem Parmesan und dem Mais belegen und vom unteren Zipfel der belegten Hälfte als Kipferl aufrollen.
4. Die Kipferl auf einem mit Backpapier ausgelegten Blech im heißen Ofen etwa 15 Minuten goldbraun backen.

Ein blitzschnelles Rezept mit Quark-Öl-Teig. Ganz nach Belieben lassen sich auch Karotten- oder Zucchiniraspel, gekochter Brokkoli oder getrocknete Tomaten darin verstecken.

Variation: Für feine Martinsbrezln, wie sie bei uns im Allgäu üblich sind, die doppelte Menge Zucker, eine Prise Salz, dagegen keinen Käse und Mais verwenden. Die Brezln vor dem Backen mit etwas Eigelb bestreichen oder nach dem Backen dünn mit Zuckerguss ummanteln.

Ergibt 8–10 Stück   Auf Vorrat

1½ Stunden
+ 20 Minuten Backzeit

Sesam-Laugen-Zöpfchen

½ Würfel Hefe
1 TL Zucker
20 g Butter
150 ml Milch
200 g Dinkelmehl Type 1050
1 TL Salz
2 EL Olivenöl
2 Päckchen Natron (10 g)
2 EL Sesamsamen
Fett für das Backblech

Die meisten Kinder lieben Laugengebäck. Dies ist eine gesunde Variante mit Dinkelmehl und Sesam.

Zubereitung

1 Die Hefe mit dem Zucker und der Butter in der lauwarmen Milch auflösen.
2 Das Mehl in eine Schüssel sieben. Die Hefemilch, Salz und Öl hinzufügen und mit den Knethaken eines Handrührgerätes zu einem glatten Teig kneten. Den Teig an einem warmen Ort zugedeckt 1 Stunde gehen lassen.
3 Den Teig auf einer bemehlten Fläche mit den Händen nochmals sorgfältig kneten. Anschließend in drei Teile teilen, aus jedem Teil drei gleich große Stränge rollen und diese zu Zöpfen flechten. Von den Zöpfen 5 Zentimeter lange Stücke abschneiden.
4 Den Backofen auf 220 °C vorheizen.
5 In einem Topf 250 Milliliter Wasser zum Kochen bringen. Das Natron darin auflösen und die Zopfstücke mit einem Esslöffel darin eintunken.
6 Die Zöpfe auf ein gut gefettetes Backblech legen, mit dem Sesam bestreuen und im heißen Ofen 20 Minuten goldbraun backen.

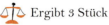 Ergibt 3 Stück

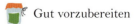 Gut vorzubereiten

 30 Minuten
+ 15 Minuten Backzeit

Würstchen im Teigmantel

150 g Vollkornmehl
10 g Hefe
50 ml lauwarme Vollmilch
2 EL Olivenöl
Salz
Zucker
3 EL Ketchup
3 Scheiben Käse (Gouda oder Emmentaler)
3 Wiener Würstchen

Zubereitung

1. Das Mehl in eine große Schüssel sieben.
2. Die Hefe in der Milch auflösen und zusammen mit einem Esslöffel Olivenöl, je einer Prise Salz und Zucker zum Mehl geben. Das Ganze zu einem glatten Teig kneten und 10 Minuten ruhen lassen.
3. Den Backofen auf 200 °C (Umluft) vorheizen.
4. Den Teig auf einer bemehlten Arbeitsfläche dünn ausrollen und mit einem Esslöffel Olivenöl und dem Ketchup bestreichen.
5. Aus dem Teig drei gleich große Dreiecke schneiden. Auf jedes Dreieck jeweils auf die breitere Seite je eine Scheibe Käse und ein Würstchen legen. Anschließend zur Spitze hin hörnchenförmig aufrollen.
6. Die Hörnchen auf ein mit Backpapier belegtes Ofengitter legen und auf der mittleren Schiene im heißen Ofen 15 Minuten backen.

Hier kommen kleine Würstchen-Fans voll auf ihre Kosten! Und das Brot ist auch schon dabei. Ein tolles Rezept für jeden Kindergeburtstag, fürs Sonntagspicknick oder einfach so.

Für zwischendurch und unterwegs

Ergibt 12 Stück

Gut vorzubereiten

1 Stunde
+ 30 Minuten Backzeit

Karotten-Apfel-Brötchen

75 ml Karottensaft
75 ml Apfelsaft
20 g Zucker
50 g Butter
100 g Karotten
1 Apfel
350 g Dinkelmehl Type 1050
200 g Haferflocken
1 TL Salz
30 g Hefe

Zubereitung

1   Beide Säfte mit dem Zucker und der Butter erhitzen, bis der Zucker sich aufgelöst hat.
2   Die Karotten schälen. Den Apfel schälen und das Kerngehäuse entfernen. Die Karotten und das Apfelfruchtfleisch auf einer Küchenreibe fein raspeln.
3   Das Mehl, die Haferflocken und das Salz in eine Schüssel geben, eine Mulde hineindrücken und darin die Hefe in der warmen Saftmischung auflösen. 5 Minuten gehen lassen.
4   Die Karotten und die Äpfel dazugeben und das Ganze zu einem gleichmäßigen Teig kneten. Den Teig zugedeckt an einem warmen Ort 30 Minuten gehen lassen.
5   Den Backofen auf 200 °C vorheizen.
6   Aus dem Teig 12 gleich große Brötchen formen und diese im Abstand von jeweils 3 Zentimeter auf ein mit Backpapier ausgelegtes Backblech setzen.
7   Die Brötchen mit kaltem Wasser benetzen und auf der mittleren Schiene 25–30 Minuten backen.

> Diese gesunden Brötchen schmecken jung und alt. Wir essen sie gerne als Frühstück oder unterwegs mit etwas Butter und Honig. Die Brötchen halten sich in einer Brotbox zwei Tage oder können einzeln eingefroren und bei Bedarf aufgetaut werden.

 1 EW + 1 KI

 30 Minuten

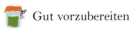 Gut vorzubereiten

 Blitzrezept

Bulgursalat

50 g Bulgur
150 g Tomaten
5 Oliven ohne Stein
100 g Salatgurke
50 g Schafkäse
1 EL Zitronensaft, frisch gepresst
3 EL Olivenöl
Zucker
Salz
schwarzer Pfeffer aus der Mühle

> Bulgur bezeichnet vorgekochte Weizenkörner, die blitzschnell gegart sind und sich in der Küche vielfältig einsetzen lassen. Hier ein schneller und leckerer Salat, der sowohl solo als auch als Beilage zu Fleisch oder Fisch schmeckt.

Zubereitung

1. Den Bulgur in 100 Milliliter Wasser etwa 10 Minuten bei leichter Hitze garen. Anschließend abgießen und abkühlen lassen.
2. Die Tomaten waschen und den Stielansatz entfernen. In kleine Stücke scheiden.
3. Die Oliven klein schneiden.
4. Die Gurke schälen und in kleine Würfel schneiden.
5. Den Käse in Würfel schneiden und mit Bulgur, Tomaten, Oliven und Gurken vermengen.
6. Aus Zitronensaft, Öl, einer Prise Zucker sowie Salz und Pfeffer ein Dressing herstellen. Mit dem Salat vermengen.

Leckeres aus der kalten Küche

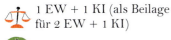 1 EW + 1 KI (als Beilage für 2 EW + 1 KI)

 30 Minuten

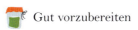 Gut vorzubereiten

 Blitzrezept

Nudelsalat mit roten Linsen

50 g rote Linsen
100 g Erbsen (TK)
100 g Karotten
100 g Nudeln (Hörnchen, Spirelli oder Penne)
1 Ei
100 g rote Paprikaschoten
2 Essiggurken

3 EL Aceto balsamico bianco
2 EL Olivenöl
2 TL Leinöl
2 EL Sahne
Zucker
Salz
schwarzer Pfeffer aus der Mühle

Zubereitung

1. Die Linsen mit den Erbsen in 150 Milliliter Wasser 15–20 Minuten weich kochen.
2. Die Karotten schälen, in kleine Würfel schneiden und 10 Minuten vor dem Ende der Garzeit zu den Linsen und Erbsen geben.
3. Die Nudeln in reichlich Salzwasser bissfest kochen und unter fließendem kaltem Wasser abschrecken.
4. Das Ei in einen Topf mit Wasser legen, zum Kochen bringen und etwa 10 Minuten hart kochen. Kurz abkühlen lassen und pellen. In kleine Stücke schneiden.
5. Die Paprikaschote waschen und die Kerne sowie die Scheidewände entfernen. In kleine Würfel schneiden, ebenso die Essiggurken.
6. Aus Aceto balsamico, den beiden Ölsorten, Sahne, einer Prise Zucker, Salz und Pfeffer ein Dressing herstellen. Die Nudeln mit den übrigen Zutaten und dem Dressing sorgfältig vermengen. Vor dem Anrichten kurz ziehen lassen.

Dieser bunte Nudelsalat schmeckt sowohl lauwarm als auch kalt. Er kann vorbereitet und im Kühlschrank einen Tag gelagert werden.
Variation: Für diesen Salat eignen sich auch in kleine Würfel geschnittene Salatgurke, Tomaten und frisch geraspelte rohe Karotten. Für Wurstliebhaber gibt es noch eine Extraportion (50 g) klein geschnittenen gekochten Schinken.
Tipp: Nudeln und Linsen ziehen Flüssigkeit. Sollte der Nudelsalat länger stehen, mit etwas Gemüsebrühe oder etwas mehr Dressing (etwa ein Drittel) ergänzen.

 1 EW + 1 KI

 Gut vorzubereiten

🕒 40 Minuten

Bunter Kartoffelsalat

400 g Kartoffeln, vorwiegend festkochend
1 Ei
50 g Salatgurke
50 g Karotte
5 Radieschen
1 Frühlingszwiebel
2 TL Instant-Gemüsebrühe
½ TL mittelscharfer Senf
2 EL Rapsöl
1 TL Leinöl
2 EL Aceto balsamico bianco (alternativ Apfelessig plus 1 TL Zucker)
1 EL Kresse
1 EL Sonnenblumenkerne

Zubereitung

1 Die Kartoffeln in Wasser weich kochen, pellen und in feine Scheiben schneiden. Das Ei hart kochen.
2 Die Gurke und die Karotte schälen und auf einer Küchenreibe raspeln. Die Radieschen waschen, putzen und in feine Scheiben schneiden. Die Frühlingszwiebel waschen und putzen und den weißen Teil in feine Röllchen schneiden.
3 Das Gemüse mit den Kartoffeln in eine Salatschüssel geben.
4 Die Gemüsebrühe und den Senf mit 50 Milliliter heißem Wasser verschlagen. Die beiden Ölsorten und den Essig unterrühren, über die Kartoffeln und das Gemüse geben und sorgfältig miteinander vermengen. Mindestens 10 Minuten ziehen lassen.
5 Vor dem Anrichten das hart gekochte Ei pellen, in Scheiben schneiden und unter den Salat heben. Die Kresse und die Sonnenblumenkerne über den Kartoffelsalat streuen.

> Der Kartoffelsalat schmeckt sowohl solo als auch in Kombination mit Fleischgerichten. Als Beilage genügen zwei Drittel der Menge.

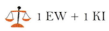 1 EW + 1 KI

 20 Minuten

 Blitzrezept

Fruchtiger Sommersalat

50 g Eissalat
50 g Rucola
100 g Apfel
2 EL Rote Johannisbeeren
2 EL Aceto balsamico bianco
1 TL flüssiger Honig
½ TL süßer Senf
2 EL Olivenöl
1 TL Walnussöl
Salz
schwarzer Pfeffer aus der Mühle
2 EL Walnüsse
1 EL Sonnenblumenkerne

Am besten schmeckt dieser erfrischende Sommersalat, wenn die Beeren direkt aus dem Garten kommen. Variieren Sie mit Avocado, Mangostückchen oder frischen Feigen. Als Hauptgericht schmeckt der Salat besonders mit warmen Hähnchenbruststreifen.

Zubereitung

1. Den Salat putzen, waschen und trocken schleudern. In mundgerechte Stücke zupfen.
2. Den Apfel waschen, das Kerngehäuse entfernen und das Fruchtfleisch auf einer Küchenreibe grob raspeln.
3. Die Johannisbeeren waschen und verlesen.
4. Aceto balsamico, Honig, Senf und die beiden Ölsorten zu einer Vinaigrette rühren und mit Salz und Pfeffer würzen.
5. Die Walnüsse grob hacken.
6. Den Salat mit den Apfelraspeln, Johannisbeeren, Nüssen und Sonnenblumenkernen sowie der Vinaigrette sorgfältig vermengen.

1 EW + 1 KI

 15 Minuten   Blitzrezept

Rührei-Toast

2 Eier
50 ml Milch
½ TL Dill, fein gehackt
Salz
schwarzer Pfeffer aus der Mühle
1 EL Olivenöl
1 Tomate
3 Scheiben Toastbrot
1 EL Kresse

Zubereitung
1. Die Eier mit Milch, Dill, Salz und Pfeffer verschlagen.
2. Das Öl in einer Pfanne erhitzen und die Eiermasse hineingießen. 2–3 Minuten stocken lassen, anschließend mit einer Gabel zerzupfen und nochmals rundherum anbraten.
3. Die Tomate waschen und den Stielansatz entfernen. In kleine Würfel schneiden. Die Tomaten unter das Rührei geben und kurz dünsten.
4. Die Toastscheiben goldbraun toasten, das Rührei daraufgeben und vor dem Servieren mit der Kresse bestreuen.

> Eine tolle Idee für verschiedene Gelegenheiten, einfach und schnell zubereitet.

Leckeres aus der kalten Küche

 1 EW + 1 KI

 20 Minuten   Blitzrezept

Lachendes Konfettibrot

1 EL Naturjoghurt
1 TL Zitronensaft
Zucker
½ TL mittelscharfer Senf
½ TL Würzsalz
1 EL Kräuter, fein gehackt,
 z. B. Petersilie, Schnittlauch,
 Dill, Kresse

2–3 EL Hüttenkäse
30 g Salatgurke
30 g gelbe Paprikaschote
3 Radieschen
2 Scheiben Vollkornbrot
2 Scheiben Emmentaler

Zubereitung

1 Den Joghurt mit Zitronensaft, einer Prise Zucker, Senf und dem Würzsalz gleichmäßig verrühren und mit den Kräutern unter den Hüttenkäse mischen. 2 Stängel Schnittlauch beiseitelegen.

2 Die Gurke schälen und auf einer Küchenreibe grob raspeln. 2 Scheiben beiseitelegen.

3 Die Paprika und die Radieschen waschen, putzen und in sehr kleine Stücke schneiden. Zusammen mit den Gurkenraspeln unter den Hüttenkäse mischen. Ein Stück Paprika und ein Radieschen beiseitelegen.

4 Das Brot halbieren, mit je einer halben Scheibe Emmentaler belegen und mit dem Konfetti-Hüttenkäse bestreichen.

5 Zur Deko mit einer Schere aus dem Schnittlauch etwa 1 Zentimeter lange »Haare« schneiden. Mit einem Strohhalm acht »Gurkenaugen« ausstechen und mit einem spitzen Messer vier »Paprikanasen« und vier »Radieschenmünder« formen. Die Brothälften mit lachenden Gesichtern belegen.

> Mit diesen Broten werden Sie ein großes Hallo ernten. Nicht nur an Kindergeburtstagen!

Lieblingsrezepte

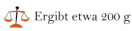 Ergibt etwa 200 g

 10 Minuten   Blitzrezept

Avocado-Bananen-Aufstrich

½ Banane
½ Avocado
2 EL Quark
1 Prise Bourbon-Vanillepulver
1 Spritzer Zitronensaft

Zubereitung
1 Die Banane schälen und das Avocadofruchtfleisch mit einem Löffel aus der Schale lösen.
2 Zusammen mit dem Quark, dem Vanillepulver und dem Zitronensaft mit dem Stabmixer zu einem cremigen Aufstrich pürieren.

> Ein gesunder süßer Aufstrich in peppigem Grün. Der Aufstrich schmeckt auf frischem Toastbrot besonders fein.

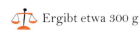 Ergibt etwa 300 g

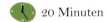 20 Minuten

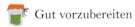 Gut vorzubereiten

 Blitzrezept

Karotten-Buttercreme

200 g Karotten
1 EL fein gehackte Zwiebeln
50 g Butter
1 EL Kräuterfrischkäse
Salz
schwarzer Pfeffer aus der Mühle

Zubereitung

1. Die Karotten schälen. Die Hälfte der Karotten in Stücke schneiden und in einem Topf mit wenig Wasser 10 Minuten weich dünsten. Die Karotten mitsamt dem Kochwasser und die Zwiebeln mit dem Stabmixer pürieren und abkühlen lassen.
2. Die restlichen Karotten auf einer Küchenreibe fein raspeln.
3. Karottenmus, Karottenraspel, die weiche Butter und den Frischkäse zu einer Creme verrühren. Mit Salz und Pfeffer würzen.

> Ein farbenfroher Brotaufstrich, der besonders auf Pumpernickel schmeckt. Mit frischen Kräutern wie Schnittlauch, Kresse oder etwas Dill bestreut, ist er zudem gesund. Die Creme schmeckt auch toll als Dip zu frischen Gemüsesticks oder Salzbrezeln.

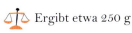 Ergibt etwa 250 g

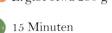 15 Minuten

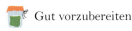 Gut vorzubereiten

 Blitzrezept

Rote-Bete-Apfel-Aufstrich

1 Apfel (etwa 100 g)
50 g Rote Bete, vorgekocht
2 EL Sonnenblumenkerne
2 EL Sahne
2 EL Naturjoghurt
¼ TL frisch geriebener Meerrettich
1 TL Leinöl
50 g Rote Bete, roh
1 Spritzer Zitronensaft
Salz
schwarzer Pfeffer aus der Mühle

Zubereitung

1 Den Apfel schälen, halbieren und das Kerngehäuse entfernen.
2 Eine Apfelhälfte zusammen mit der gekochten Rote Bete, den Sonnenblumenkernen, Sahne, Joghurt, Meerrettich und dem Leinöl mit dem Stabmixer zu einem feinen Mus pürieren.
3 Die rohe Rote Bete schälen, mit dem restlichen Apfel auf einer Küchenreibe fein raspeln und unter das Mus rühren. Mit Zitronensaft, Salz und Pfeffer würzen.

Angesichts dieses pinkfarbenen Aufstrichs bekommen alle große Augen. Der Meerrettich ist selbstverständlich optional. Besonders interessant auf frischem Roggenbrot und zusammen mit einer Scheibe Räucherlachs!
Tipp: Wenn Ihr Kind die cremige Konsistenz bevorzugt, geben Sie alle Zutaten gemeinsam in ein Gefäß und pürieren Sie sie mit dem Stabmixer.

Ergibt etwa 225 g

 Gut vorzubereiten

 30 Minuten

 Blitzrezept

Exotischer Linsen-Curry-Aufstrich

1 kleine Karotte (50 g)
1 EL Sesam- oder Olivenöl
1 gehäufter EL fein gehackte Zwiebeln
25 g rote Linsen
⅓ TL Würzsalz
2 EL saure Sahne
⅓ TL Currypulver
2 TL Sesamsaat nach Belieben

Zubereitung

1 Die Karotte schälen und in kleine Würfel schneiden. Das Öl in einer Pfanne erhitzen und die Zwiebeln glasig anschwitzen. Die Karottenwürfel hinzufügen und andünsten.

2 Die Linsen dazugeben, kurz anschwitzen und mit 100 Milliliter Wasser aufgießen. 15–20 Minuten bei leichter Hitze köcheln und anschließend abkühlen lassen.

3 Das Würzsalz, die saure Sahne und das Currypulver dazugeben und mit dem Stabmixer fein pürieren.

4 Nach Belieben 2 Teelöffel Sesam unterrühren oder das Brot mit Sesam bestreuen.

Ein vegetarischer Brotaufstrich, der vor allem durch seinen hohen Eiweißgehalt toppt. Wer es gerne scharf mag, kann auch noch ein wenig Chili dazugeben. Für diejenigen, die es weniger feurig lieben, kann das Currypulver auch durch ¼ Teelöffel Kurkuma ersetzt werden.

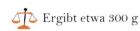 Ergibt etwa 300 g

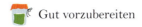 Gut vorzubereiten

45 Minuten

Buchweizen-Grünkern-Aufstrich

20 g Buchweizen
20 g Grünkern
½ TL Würzsalz
¼ Knoblauchzehe
50 g rote Paprikaschote
3 Oliven ohne Kerne
50 g weiche Butter

Zubereitung

1 Den Buchweizen und den Grünkern mit dem Würzsalz in 150 Milliliter Wasser 30 Minuten garen und anschließend abkühlen lassen.
2 Die Knoblauchzehe schälen. Die Paprikaschote waschen und die Kerne sowie Scheidewände entfernen.
3 Alle Zutaten mit dem Stabmixer grob pürieren und mit der Butter verrühren.

> Ein gesunder Brotaufstrich, der nach Belieben mit frischen Kräutern oder frisch geriebenem Parmesan zusätzlich gewürzt werden kann.

Ergibt etwa 200 g

 Gut vorzubereiten

 15 Minuten

 Blitzrezept

Tomaten-Mozzarella-Mus

100 g Tomaten
50 g Mozzarella
20 g eingelegte getrocknete Tomaten
1 EL Tomatenmark
1 EL Olivenöl
½ TL Basilikum, fein gehackt
1 EL Hüttenkäse
Salz
schwarzer Pfeffer aus der Mühle

Zubereitung

1 Die Tomaten waschen, halbieren und den Stielansatz entfernen.
2 Eine Tomatenhälfte, den Mozzarella, die getrockneten Tomaten, das Tomatenmark und das Olivenöl mit dem Stabmixer zu einem feinen Mus pürieren.
3 Die zweite Tomatenhälfte in kleine Würfel schneiden und mit dem Basilikum und dem Hüttenkäse unter das Mus rühren. Mit Salz und Pfeffer würzen.

Ein köstliches mediterran anmutendes Mus, das am besten zu getoastetem Ciabatta schmeckt. Verwenden Sie vorzugsweise in Olivenöl extra vergine eingelegte getrocknete Tomaten, sie schmecken besonders intensiv. Wer es gerne noch intensiver mag, kann den Mozzarella auch gegen Feta austauschen. Das Mus schmeckt auch hervorragend, wenn zwei Esslöffel geröstete Pinienkerne mit püriert werden. Das Mus kann auch unter warme Spaghetti gerührt werden.

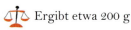 Ergibt etwa 200 g

 Auf Vorrat

 15 Minuten

 Blitzrezept

Kokos-Aufstrich

20 g Butter
30 g Haselnüsse, fein gemahlen
20 g Kokosraspel
30 g Kokosfett, nativ
50 g Honig
2–3 EL Zucker
15 g Kakaopulver, stark entölt
40 ml Milch
¼ TL Bourbon-Vanillepulver

Ein köstlicher Aufstrich für Brot, Toast oder Pfannkuchen. Je nach Honigsorte kann der Geschmack variieren.

Zubereitung

1. Die Butter in einem Topf bei leichter Hitze zerlassen und die Haselnüsse und Kokosraspel goldbraun rösten.
2. Das Kokosfett und den Honig dazugeben und schmelzen lassen.
3. Den Zucker und das Kakaopulver im Wechsel mit der Milch portionsweise gleichmäßig unterrühren.
4. Das Vanillepulver dazugeben und das Ganze bei leichter Hitze unter Rühren 2–3 Minuten zu einer homogenen Masse verarbeiten.
5. Bei Bedarf mit dem Stabmixer fein pürieren und anschließend noch warm in ein sauberes Schraubglas füllen.

Basics 113

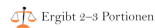 Ergibt 2–3 Portionen

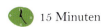 15 Minuten   Blitzrezept

Vanillesauce

1 Eigelb
1 EL Zucker
½ TL Bourbon-Vanillepulver
5–6 EL Speisestärke (Maisstärke)
500 ml Milch

Zubereitung
1. Das Eigelb mit dem Zucker schaumig rühren. Das Vanillepulver, die Speisestärke und 3 Esslöffel Milch hinzufügen und glatt rühren.
2. Die restliche Milch in einem Topf zum Kochen bringen, vom Herd nehmen und die Eigelbmischung mit einem Schneebesen unterrühren.
3. Die Sauce unter ständigem Rühren noch einmal kurz aufkochen und anschließend unter gelegentlichem Umrühren auf Esstemperatur abkühlen lassen.

> Die feine Vanillesauce schmeckt zu vielen Speisen oder als süße Suppe mit Obsteinlage.

Ergibt 450–500 g Auf Vorrat

🕒 15 Minuten ⚡ Blitzrezept

Würzsalz

1 Bund Kräuter, z. B. Petersilie, Liebstöckel, Schnittlauch, Kresse
100 g Karotten
75 g Lauch
1 mittelgroße Zwiebel, fein gehackt
abgeriebene Schale von ¼ Biozitrone
50 ml Oliven- oder Sonnenblumenöl
1 gehäufter EL Zucker
100 g Meersalz

Zubereitung

1 Die Kräuter waschen und trocken schütteln. Die Blätter von den Stängeln zupfen.
2 Das Gemüse waschen, putzen oder schälen und zusammen mit den Kräutern in der Küchenmaschine sehr fein zerkleinern.
3 Den Zitronenabrieb, Öl, Zucker und Salz hinzufügen und gleichmäßig fein vermengen.

Das Würzsalz zum, wie der Name sagt, Würzen, Abschmecken und Kochen eignet sich für alle herzhaften Gerichte und hält sich gut verschlossen im Kühlschrank bis zu 3 Monate.
Tipp: Für noch mehr Geschmack sorgt ein wenig Hefeextrakt.

Basics

 Ergibt etwa 150 g   Auf Vorrat

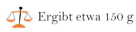 10 Minuten   Blitzrezept

Zauberzucker

2 EL getrocknete essbare Blüten, z. B. von Lavendel, Rose, Malve, Ringelblume
½ EL Ceylon-Zimtpulver
1 TL Bourbon-Vanillepulver
1 TL getrocknete Biozitronen- oder -orangenschale
150 g Rohrzucker

Zubereitung
1. Die getrockneten Blüten fein zermahlen und mit dem Zimt, dem Vanillepulver und der Zitrusschale mischen.
2. Den Zucker hinzufügen und das Ganze sorgfältig miteinander vermischen. Zum Aufbewahren in eine gut verschließbare Streudose füllen.

> Der Zauberzucker versüßt und verschönt viele Gerichte. Streuen Sie ihn sparsam z. B. auf Obstsalate, Quark- oder Joghurtspeisen.

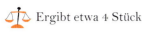 Ergibt etwa 4 Stück

 Auf Vorrat

 30 Minuten

 Blitzrezept

Pfannkuchen

1 Ei
Salz
75 ml Vollmilch
50 g Vollkornmehl
50 ml kohlensäurehaltiges Mineralwasser
Sonnenblumenöl oder Butter zum Backen

Zubereitung

1. Das Ei aufschlagen und mit dem Schneebesen mit einer Prise Salz und der Milch verrühren. Das Mehl darübersieben und einarbeiten, bis ein klumpenfreier Teig entsteht.
2. Das Mineralwasser zügig unterrühren.
3. Eine Pfanne mit etwas Öl oder Butter auspinseln bzw. ausstreichen und auf mittlerer Stufe erhitzen.
4. Eine Kelle Teig in die Pfanne geben und den Pfannkuchen von jeder Seite etwa 2–3 Minuten backen.
5. Mit dem restlichen Teig in derselben Weise weiterverfahren, dabei gelegentlich etwas Öl oder Butter zusätzlich in die Pfanne geben.

Tipp: Pfannkuchen, denen ein Drittel Buchweizenmehl zugesetzt wird, sind besonders gesund und schmecken fantastisch.

Kinder lieben Pfannkuchen. Ob zum Frühstück mit Fruchtaufstrich oder Nusscreme, mittags mit herzhafter Gemüse-Käse-Füllung, mit Hackfleisch gefüllt und Käse überbacken, als Wrap für zwischendurch und unterwegs oder getrocknet und in feine Streifen geschnitten als Suppeneinlage. Pfannkuchen sind der Allrounder in der Kinderküche!

 1 EW + 1 KI  Auf Vorrat

 45 Minuten

Grießklößchen

125 ml Vollmilch
15 g Butter
Salz
60 g Dinkelvollkorngrieß
2 TL frische Kräuter, fein gehackt
1 EL Kräuterfrischkäse
1 Ei

Zubereitung

1 Die Milch mit Butter und einer Prise Salz in einem Topf zum Kochen bringen. Den Grieß langsam einrühren, dabei ständig weiterrühren, bis der Grieß mit dem Milchgemisch zu einer festen Masse gequollen ist. Aus dem Topf nehmen und abkühlen lassen.

2 Anschließend in den Grießteig die Kräuter, den Frischkäse und das Ei einkneten. Mit einem Teelöffel kleine Nocken aus der Teigmasse abstechen.

3 Die Nocken entweder in reichlich kochendem Salzwasser oder direkt in der Suppenbrühe etwa 10 Minuten garen, bis sie an die Oberfläche steigen.

Variationen: Für Käseklößchen anstelle von Frischkäse 30 g frisch geriebenen Parmesan einkneten.
Für süße Klößchen anstelle von Kräutern und Frischkäse bei Schritt 2 1 Esslöffel Zimtzucker zum Grießteig geben. Die fertigen Grießklößchen dann in warmer Milch mit Apfelkompott servieren. Für Brätklößchen anstelle des Frischkäses 100 g Kalbsbrät in den abgekühlten Grießteig geben.

 1 EW + 1 KI  Auf Vorrat

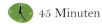 45 Minuten

Nudelteig

150 g Dinkelmehl Type 1050
Salz
1 Ei
½ TL Obstessig

Zubereitung

1. Das Mehl in eine Schüssel sieben. In die Mitte eine Mulde drücken. Eine Prise Salz, das Ei, 3–4 Esslöffel Wasser und den Essig hineingeben und mit den Händen oder den Knethaken des Handrührgerätes zu einem glatten Teig kneten.
2. Den Teig unter einer vorgewärmten Schüssel 10 Minuten ruhen lassen. Anschließend auf einer bemehlten Unterlage dünn ausrollen und kurz antrocknen lassen.
3. Den Teig mit einem Messer in die gewünschte Nudelform schneiden und in gut gesalzenem Wasser 5–10 Minuten kochen lassen.

Tipp: Möchten Sie die Nudeln auf Vorrat herstellen, dann den Teig nicht salzen und sehr gut trocknen lassen (eventuell kurz im Backofen bei 80 °C Umluft).

> Nudelteig lässt sich vielseitig einsetzen: in verschiedenen Formen und Variationen gekocht oder für leckere Kraut- oder Apfelkrapfen (siehe Seite 57). Für bunte Nudeln den Teig einfach mit etwas Rote-Bete- oder Karottensaft oder auch Tomatenmark einfärben.

Blitzschnell auf den Tisch

Wer kennt das nicht: Die Wäsche stapelt sich, der Staubsauger wartet schon seit Tagen auf seinen Einsatz, im Büro herrscht Dauerstress, und die Kinder müssen Punkt halb eins vom Kindergarten abgeholt werden. Wann soll da noch Zeit für aufwendiges Kochen sein?

Ein paar Tipps für den schnellen Erfolg

- **Strategisch bevorraten:** Zutaten aus dem Tiefkühlfach wie TK-Gemüse oder TK-Fisch sind jederzeit griffbereit und meist in weniger als 30 Minuten fertig. Ideal für stressige Tage.
- **Richtig planen:** Wer weiß, dass der nächste Tag einen straffen Zeitplan bereithält, einfach vorkochen. Nudeln, Reis und Co. lassen sich im Kühlschrank locker ein bis zwei Tage aufbewahren und müssen dann nur noch aufgewärmt werden.
- **Reste verwerten:** Aus Kartoffelbrei, der eine schöne Beilage zu einem Gästeessen war, werden am nächsten Tag feine Kartoffelplätzchen, der Rest Gemüse mit Brühe und einem Schuss Sahne zu einer feinen Suppe püriert und die Nudeln mit Sauce im Backofen mit Käse zu einem schnellen Auflauf verwandelt.
- **Mehr machen:** Leckere Salatdressings lassen sich hervorragend in größerer Menge zubereiten und in einem sauberen Behältnis im Kühlschrank lagern. Vor Gebrauch gut schütteln, damit sich alle Phasen wieder gut mischen. Backwaren und Teige in größerer Menge herstellen und portioniert einfrieren. Am Vorabend in eine geschlossene Plastikdose legen und über Nacht auftauen lassen.
- **Schnelle Rezepte:** Im Rezeptteil finden Sie alle Blitzrezepte für 30 Minuten und weniger mit einem Symbol gekennzeichnet.

Ein weiterer wichtiger Rat: Vermeiden Sie es, Kindernahrung in der Mikrowelle zu kochen oder zu erwärmen. Nachgewiesenermaßen wird hierbei ein großer Teil der wertvollen und lebensnotwendigen Antioxidantien zerstört und die Speise dadurch zu einem großen Teil wertlos gemacht.

Der richtige Pausensnack

Oft nicht zu unterschätzenden Stress in vielen Familien löst das Vorbereiten des täglichen Essens für die Krippe, den Kindergarten oder die Schule aus. Wenn man morgens sowieso schon unter Druck steht, ist oftmals kaum mehr Zeit, sich über eine gesunde Pausenmahlzeit Gedanken zu machen.

Besonders gut eignen sich belegte Brote oder Brötchen mit einem Milchprodukt, Obst oder Gemüse.

Belag für Brot oder Brötchen
- Hüttenkäse mit Gemüseraspel, z. B. Karotten, Radieschen, Gurken, Paprika
- Käsescheiben (Gouda oder Emmentaler) mit Salatblättern und Paprikastreifen
- Mozzarella und Tomate
- Quark mit Bananen- oder Birnenscheiben
- Frischkäse mit gehacktem Rucola und gekochtem Schinken

Obst ohne zu schnippeln
- Weintrauben
- Beeren
- Bananen

Gut vorzubereiten
- Nudelsalat
- Pfannkuchen-Wraps
- Joghurt- und Quarkspeisen
- Grieß- und Früchtepuddings

Wenn Kinder am Essen mäkeln

Wer kennt ihn nicht, den Suppenkasper von Heinrich Hoffmann, der jeden Tag sein Essen ablehnt, bis er nur noch ein »Strich in der Landschaft" ist! Heikle Essphasen gibt es wohl bei den meisten Kindern in unterschiedlicher Ausprägung. Sehen Sie diese gelassen und vertrauen Sie den natürlichen Instinkten Ihres Kindes. Sie entscheiden, was, wann und wie gegessen wird, Ihr Kind entscheidet, ob und wie viel. Sollte ein einseitiges Ernährungsverhalten aber länger als vier Wochen andauern, ist es sinnvoll, mit dem Kinderarzt oder einer Ernährungsexpertin darüber zu sprechen, denn es könnten auch ernst zu nehmende Unverträglichkeiten, psychosomatische oder organische Störungen dahinterstecken.

Wichtig ist, trotzdem täglich eine ausgewogene und gesunde Kost anzubieten. Denken Sie an den »mere exposure effect« (Seite 17).

Hilfreiche Tipps, wenn Kinder beim Essen streiken

Der Geschmack für viele Lebensmittel muss sich erst noch prägen. Lassen Sie Ihr Kind die Produkte kennenlernen, ohne Zwang und Druck, aber mit Geduld und Beharrlichkeit. Kinder können fast jeden Geschmack lieben lernen, allerdings erfordert es manchmal zehn oder mehr Kostproben, bis unser sensorisches Gedächtnis diesen Eindruck speichert und als angenehm wiedererkennt.

- Verbinden Sie Lieblingsspeisen mit neuen Gemüsesorten. Isst Ihr Kind beispielsweise für sein Leben gerne Lachsnudeln, variieren Sie die Sauce einmal mit Fenchel, einmal mit Brokkoli …
- Achten Sie auf vertraute Regelmäßigkeit: feste Essenszeiten und Rituale wie das miteinander gesprochene Tischgebet, der gemeinsame Beginn und das Ende der Mahlzeit oder auch der immer selbe Tag in der Woche, an dem es ein vegetarisches Gemüsegericht, Fisch oder auch eine Wunschmahlzeit Ihres Kindes gibt.
- Vermeiden Sie während des Essens Stress, Hektik, Diskussionen oder Streit.
- Verzichten Sie während der Mahlzeiten auf alles, was ablenkt: die Zeitung, das Radio, das Fernsehgerät oder das Handy.

Der Büchermarkt bietet viel Auswahl, um Kinder auf unkonventionelle und spielerische Weise an Speisen heranzuführen.

- Beachten Sie die Leistungskurve Ihres Kindes und unterstützen Sie den natürlichen Biorhythmus für einen vitalen Tagesablauf.
- Beziehen Sie Ihr Kind in Auswahl, Einkauf und Zubereitung der Lebensmittel ein: z. B. gemeinsam ein schönes Kochbuch durchblättern oder gemeinsam einkaufen und kochen.
- Sprechen Sie über die Vorlieben der Kinder. Fragen Sie, was sie besonders gerne essen, was ihnen besonders gut schmeckt. Die meisten Kinder kommen nicht von selbst auf die Idee, irgendwelche »Kinderlebensmittel«, die die Werbung hochpreist, gut zu finden. Bunte Obstschnitze oder ein selbst gemachter feiner Joghurt kommen da oft viel besser an.
- Sind bestimmte ungesunde Ernährungsgewohnheiten bereits die Regel, z. B. die Süßigkeit nach dem Mittagsschlaf, das Betthupferl vor dem Schlafengehen …, versuchen Sie, nach und nach Ersatz dafür zu finden: vorlesen oder miteinander ein Buch anschauen, Musik hören, eine Runde turnen.
- Erfinden Sie selbst eine tolle Story. Bilderbücher, die anschaulich erklären, woher das Essen kommt, ein Besuch beim Bauern oder gemeinsames Ernten machen viele Nahrungsmittel erst interessant.

> Denken Sie daran: Je häufiger ein Geschmackseindruck auftritt, desto eher und nachhaltiger gewöhnt sich Ihr Kind an die entsprechende Speise.

Kinder essen nicht, weil eine Speise »gesund« ist, sondern weil sie ihnen schmeckt und sie ihnen attraktiv erscheint. Durch die angeborene Vorliebe für Süßes wählen sie gerne kohlenhydrat- und zuckerhaltige Nahrungsmittel aus, zudem Speisen, die bunt sind und ein angenehmes Mundgefühl bieten. Deshalb:

- Erlauben Sie ihrem Kind in einem festgelegten Rahmen auch süße Naschereien. Verknappung oder Verbote fördern nur die Attraktivität und führen oft zu heimlichem oder übermäßigem Konsum außerhalb und zu Problemen innerhalb der Familie.

- Vermeiden Sie, Ihrem Kind auf bevormundende Weise »gesunde« Lebensmittel schmackhaft zu machen. Auch die Bewertung der Lebensmittel in gut und schlecht bzw. gesund und ungesund ist einer zwanglosen Ernährung und dem Entdeckerdrang der Kinder kontraproduktiv. Sorgen Sie stattdessen für Anreize, die Spaß und Lust am Essen fördern.
- Bleiben Sie locker! Übermäßiges Thematisieren und wachsender Druck führen umso mehr zu Ablehnung und Streik. Neben dem »mere exposure effect« (siehe Seite 17) steuert außerdem ein weiteres evolutionsbiologisches Programm unsere Nahrungsauswahl, die »spezifisch-sensorische-Sättigung«. Diese bewirkt, dass bei einer sich ständig wiederholenden Geschmacksqualität (z. B. jeden Tag nur Spaghetti mit Ketchup) nach und nach eine Abneigung dagegen entsteht, die einem Nährstoffmangel durch zu einseitige Kost vorbeugt. So kann eine Vorliebe für bestimmte Speisen und die Ablehnung gegen Mamas gesundes Gemüse auch einfach mal ganz relaxed ausgesessen werden.

Kinder haben Vorlieben. Glutaminsäurereiche Speisen wie Tomaten oder auch Parmesan sind meist ein Treffer. Auch ein wenig echte Vanille in Süßspeisen trifft die Geschmacksnerven der Kleinen.

- Vergessen Sie den Geschmacksträger Fett nicht und geben Sie immer etwas Öl, Butter oder Sahne an die Gerichte. Gedünstetes Gemüse bekommt mit einem Teelöffel Kräuterfrischkäse gleich eine interessantere Geschmacksnote.
- Verwenden Sie keine zu scharfen oder geschmacksintensiven Gewürze und probieren Sie bittere Speisen schrittweise aus.
- Sorgen Sie für ein abwechslungsreiches und erlebbares »Mundgefühl«. Kinder haben neben einem empfindlichen Geruchs- und Geschmackssinn einen ebenso sensiblen Tastsinn.
- Gemüse lässt sich in vielen Gerichten häufig leicht untermogeln, z. B. geraspelte Karotten und Zucchini in Frikadellen oder Aufläufen, Gemüsereis mit Erbsen, Karotten, Brokkoli oder Mais, »gestreckte« pürierte Suppen und Saucen, Reibekuchen mit geraspeltem Gemüse, Gemüsemuffins, Pizza, Lasagne ... Lassen Sie Ihrer Fantasie freien Lauf!

> Stehen Sie beispielsweise gemeinsam sehr früh auf, ist Ihr Kind vielleicht zur Mittagszeit schon wieder müde und hat entsprechend wenig Appetit. Ein kurzes Schläfchen am späten Vormittag oder auch ein frühes zweites Frühstück und eine gemeinsame Mahlzeit nach dem Mittagsschlaf sind hier oft schon hilfreich. Für Mittagsmuffel kann die warme Mahlzeit auch am Abend stattfinden.

> Noch mehr Ideen für fantasievolle Obst- und Gemüsegebilde finden Sie auf meiner Website www.natalie-stadelmann.de

Das Auge isst mit

Kinder durchlaufen immer wieder Phasen, in denen sie mal mehr, mal weniger essen, in denen sie mal bestimmte Lebensmittel toll finden oder sie ablehnen. Nehmen Sie das gelassen, üben Sie keinen Druck aus. Essen sollte weder Trost- und Erziehungsmittel sein. Allerdings sollten Sie Anreize schaffen: Seien Sie Vorbild. Servieren Sie kleine Portionen, die Sie besonders schön anrichten. Oder wecken Sie Interesse für bestimmte Nahrungsmittel.

Brot und Käse lassen sich dekorativ mit Hilfe von Plätzchenausstechern anrichten. Buntes Gemüse kann man vielfältig anrichten: als Tiere, Gesichter, Bäume oder Blumen. Ihrer Fantasie sind keine Grenzen gesetzt. »Gewürzblüten«, frische Kräuter oder fein geraspeltes buntes Gemüse zum Bestreuen peppen jede Mahlzeit auf. Hier ein paar Ideen für fantasievolle Obst- und Gemüsegebilde:

Gurkenschlange

Zutaten
1 Salatgurke • 2 Tomaten • ¼ Paprikaschote • 1 TL Quark oder Frischkäse

Zubereitung
Die Salatgurke und die Tomaten waschen und in Scheiben schneiden. Auf einer Platte oder einem großen Teller schlangenförmig immer im Wechsel Gurken- und Tomatenscheiben anrichten. Kopf und Schwanz bilden die Endstücke der Gurke. Die Paprikaschote waschen und daraus zwei Augen und eine große Zunge schneiden. Am Kopf der Gurkenschlange mit etwas Quark oder Frischkäse ankleben.

Tipp: Zwischen die Gurken- und Tomatenscheiben zusätzlich Mozzarellascheiben legen. Als Augen eignen sich auch Gemüsemais oder halbierte Oliven. Für die Zunge können Sie auch eine längs halbierte Karotte nehmen.

Gemüsekrokodil

Zutaten

1 Salatgurke • 2 Karotten • 10 Cocktailtomaten • 10 grüne Oliven • 1 Radieschen • Tomatenmark • 10 Partyspieße

Zubereitung

Die Gurke waschen, an einer Seite längs ein Stück abschneiden, sodass sie auf einer Servierplatte oder einem Teller flach aufliegt. Ein Ende der Gurke mittig 10 Zentimeter längs einschneiden und oben und unten Zacken als Zähne einschneiden. Die Karotten schälen. Eine Karotte längs halbieren, daraus eine Zunge schneiden und diese zwischen die Zähne legen. Die zweite Karotte in zehn Scheiben schneiden. Die Tomaten waschen und mit den Oliven und den Karottenscheiben auf die Partyspieße stecken. Die Spieße auf dem Krokodilrücken verteilen.

Das Radieschen waschen, längs halbieren und mit zwei Zahnstochern als Augen über den Gurkenkiefer stecken. Mit Tomatenmark je eine Pupille formen. Aus dem abgeschnittenen Stück Gurke vier längliche Beine schneiden und diese an den Seiten des Krokodils anrichten.

Tipp: Als Rückenspieße eignen sich alle Arten von Obst- und Gemüsewürfeln, Weintrauben, Mixed Pickles, Mini-Mozzarella.

Fliegenpilz

Zutaten

1 Ei, hart gekocht • 1 Tomate • 1 TL Hüttenkäse

Zubereitung

Das Ei pellen und halbieren. Mit der Schnittfläche nach unten auf einen Teller legen. Die Tomate waschen und halbieren. Mit der Schnittfläche als Deckel auf die Eierhälften legen. Mit Hüttenkäsekörnern weiße Tupfen auf die Tomate setzen.

Tipp: Anstelle des Eis können Sie auch eine Kugel Mozzarella nehmen. Die Tupfen können Sie auch mit Mayonnaise zaubern. Als »Waldboden« klein geschnittenen Salat, Rucolablätter oder klein gezupftes Basilikum verwenden.

Versucht Ihr Kind, durch Streiks beim Essen Aufmerksamkeit zu erregen oder seine Grenzen auszutesten, sollten Sie klare Regeln aufstellen, ohne dabei das Essen an sich stark zu thematisieren.

Welcher Saft ist gut für Kinder?

Wenn Kinder nicht essen wollen, können alternativ frisch gepresste Säfte für die notwendigen Nährstoffe sorgen. Auch Frühstücksmuffel können mit einem köstlichen Saft Genießer am Morgen werden.

ACE-Drink
Zutaten für 150–200 ml
2 Karotten • 1 Apfel • 1 Orange • 1 TL Zitronensaft • 3 Tropfen Sanddornfruchtfleischöl • ½ TL Leinöl • ½ TL Weizenkeimöl
Zubereitung
Die Karotten schälen. Den Apfel waschen und das Kerngehäuse entfernen, die Orange schälen. Die Früchte in Stücke schneiden und durch die Saftpresse geben. Den Zitronensaft und die beiden Ölsorten hinzufügen, sorgfältig umrühren.

Popeyes Powertrunk
Zutaten für 150–200 ml
1 Handvoll frische Spinatblätter • ½ Fenchel • 200 g weiße Trauben • 1 TL Zitronensaft • ½ TL Leinöl • ½ TL Weizenkeimöl
Zubereitung
Spinat, Fenchel und Trauben waschen. Den Spinat verlesen und vom Fenchel den Strunk entfernen. Die Früchte und den Fenchel in Stücke schneiden und durch die Saftpresse geben. Den Zitronensaft und die beiden Ölsorten hinzufügen, sorgfältig umrühren.

Roter Energieschub
Zutaten für 150–200 ml
1 Handvoll Beeren, z. B. Erdbeeren, Himbeeren und/oder Brombeeren • 100 g rote Weintrauben • 1 Pflaume • 1 Apfel • ½ Rote Bete • 1 TL Zitronensaft • ½ TL Leinöl • ½ TL Weizenkeimöl

---

Auch Milchmixgetränke sind leckere Vitamin- und Mineralstoffspender für unterwegs. Füllen Sie sie einfach in ein auslaufsicheres Trinkgefäß. Umwickeln Sie sie mit einer Cold-/Hot-Kompresse aus dem Gefrierschrank und einer Lage Alufolie. So bleiben die Drinks erfrischend kühl und gut haltbar.

Zubereitung
Beeren, Trauben, die Pflaume und den Apfel waschen. Die Pflaume entsteinen, vom Apfel das Kerngehäuse entfernen, die Rote Bete schälen. Alles in Stücke schneiden und durch die Saftpresse geben. Den Zitronensaft und die beiden Ölsorten hinzufügen, sorgfältig umrühren.

Bananen-Vanille-Milch
Zutaten für 150 ml
½ Banane • 1 Msp. Bourbon-Vanillepulver • 100 ml Vollmilch
Zubereitung
Die Banane schälen und in kleine Stücke schneiden. Alle Zutaten in einen hohen Becher geben und mit dem Stabmixer schaumig pürieren.

Mango-Karotten-Lassi
Zutaten für 150 ml
50 g Mango • 50 g Naturjoghurt • 50 ml Buttermilch oder Schwedenmilch • 25 ml Karottensaft • 3 Tropfen Sanddornfruchtfleischöl
Zubereitung
Die Mango schälen, das Fruchtfleisch vom Kern schneiden und in kleine Stücke schneiden. Alle Zutaten in einen hohen Becher geben und mit dem Stabmixer pürieren.

Bärenstarker Beeren-Shake
Zutaten für 150 ml
50 g rote Beeren, z. B. Erdbeeren, Himbeeren, Brombeeren, Rote Johannisbeeren • 3 EL Heidelbeer-Muttersaft • 30 g Sahnequark • 75 ml Vollmilch
Zubereitung
Die Beeren vorsichtig waschen, verlesen und trocken tupfen. Alle Zutaten in einen hohen Becher geben und mit einem Pürierstab schaumig mixen.

> Anstelle von Kuhmilch können Sie auch nährstoffreiche Drinks auf Basis von Getreidemilch zubereiten. Lassen Sie Ihrer Kreativität freien Lauf.

NAHRUNG IST MEDIZIN

Ernährung in besonderen Situationen
Schonkost bei Erkrankungen

Gerade Kinder in den ersten Lebensjahren haben zum Training des Immunsystems viele, jedoch im Allgemeinen nicht bedrohliche Infekte. Ist der Schnupfen endlich überstanden, folgt Durchfall, und wenige Zeit später hat sich in der Krippe oder im Kindergarten der nächste Infekt eingeschlichen. Auch das Zahnen kann die Kleinen bis weit ins dritte Lebensjahr hinein immer wieder plagen.

Da der kleine Körper mit dem Bekämpfen der Krankheitserreger und den Krankheitsbeschwerden eine Menge zu tun hat, bleibt für die Nahrungsverdauung und -verwertung meist nur wenig Energie. Entsprechend empfindlich ist der Magen und gering der Appetit. Das ist absolut in Ordnung und, solange es nicht länger als sieben bis zehn Tage andauert, kein Grund zur Besorgnis.

Als gut verträgliche Nahrung bieten sich in dieser Zeit leichte Suppen, Eintöpfe, Getreideschleim, gedünstete Gemüsegerichte, Obstbreie oder Mixgetränke an.

Die Nahrung sollte ausreichend hochwertige Eiweißkombinationen enthalten, jedoch in nur mäßiger Menge schwer verdauliches tierisches Eiweiß wie Fleisch und Wurstwaren. Als Eiweißquellen bieten sich je nach Appetit und Verträglichkeit gesäuerte Milchprodukte an: Joghurt, Dickmilch oder Schwedenmilch, gekochter oder gepoppter Amaranth, Kartoffelgerichte wie Püree oder Pellkartoffeln, fettarme Fleischbrühen, gedünsteter Fisch oder mageres Kalbfleisch oder Geflügel.

Meiden Sie alles Fette, Frittierte, stark Gebratene und schwer Verdauliche. Auch Süßigkeiten, Limonaden oder Instant- und Fertiggerichte sind keine Alternativen bei mangelndem Appetit.

Obst und gedünstetes Gemüse liefern viele wichtige Vitamine, Mineralstoffe und sekundäre Pflanzenstoffe. Sie sind bis auf wenige Ausnahmen geeignet. Schwer verdaulich sind nur Pilze, Gurken, Zwiebeln, Lauch, Sauerkraut und rohe Paprikaschoten.

> Ist ein Kind nicht gesund, ist eine stetige ausreichende Wasseraufnahme sehr wichtig, da es sonst schnell zu bedrohlichem Flüssigkeitsmangel und zu Kreislaufproblemen kommen kann.

> Bei unklaren oder anhaltenden Beschwerden ist der Besuch bei einem Heilpraktiker oder Kinderarzt/einer Kinderärztin unverzichtbar.

Leichte Kost bei Magen-Darm-Infekten

Bei Magen-Darm-Infekten mit Durchfall und Erbrechen sind vor allem eine ausreichende Elektrolyt- und Flüssigkeitszufuhr wichtig. Das geschieht durch ORT-Trinklösungen (die Sie im Notfall zu Hause selber frisch herstellen können, das Rezept dazu finden Sie auf Seite 135), gesalzene Gemüsebrühen oder leichter Porridge. Auch geriebener Apfel, der mit seinen Pektinen die Darmschleimhaut schützt und Giftstoffe bindet, zerdrückte Bananen oder Karottensuppe mit einer Prise Salz sind bewährte Hausmittel. Als weitere Getränke bieten sich neben stillem Wasser lauwarmer, dünn aufgegossener Fenchel-Anis-Kümmel-, Brombeerblätter- oder Kamillenblütentee an. Verdünnte kaliumreiche Säfte wie Orangen- oder Aprikosensaft können als Elektrolytlieferanten im Rahmen einer Rehydratationslösung gegeben werden.

Verzichten Sie auf übermäßige Fettzufuhr sowie auf Süßes, scharfe Gewürze und eiskalte Speisen. Diese können den sowieso schon gereizten Magen-Darm-Trakt erneut irritieren.

Der übermäßige Verzehr von Obst und groben Vollkornprodukten kann zu einer stärkeren Stuhlauflockerung führen und den Durchfall dadurch noch fördern. Maximal zwei Portionen Obst (mit Ausnahme der geriebenen Äpfel) und fein gemahlenes Vollkornmehl werden im Normalfall gut toleriert.

Hilfreich bei Durchfällen ist auch der Verzehr von getrockneten Heidelbeeren (frische Früchte wirken dagegen abführend!), die direkt gekaut oder vorher kurze Zeit in lauwarmem Wasser eingeweicht werden.

Ein Arztbesuch ist bei folgenden Begleitsymptomen unausweichlich: bei Fieber über 39 °C, bei starken Bauch- bzw. Unterleibsschmerzen, bei Blut im Stuhl, bei Verdacht auf eine Lebensmittelvergiftung, bei sehr schlechtem Allgemeinbefinden, extremer Blässe und bei Hautveränderungen und bei anhaltendem Durchfall über mehr als drei Tage.

Leiden Kinder an Durchfall, sind geriebene Äpfel von jeher ein bewährtes Hausmittel. Das Apfelpektin schützt die Darmschleimhaut und bindet Giftstoffe.

Rezepte bei Magen-Darm-Erkrankungen

Getreideschleimsuppe

Getreide liefert wertvolle Mineralstoffe, energiespendende Kohlenhydrate und ist dabei leicht verdaulich und gut verträglich. Fertige Getreideflocken sind für Schleimsuppen am einfachsten und praktischsten, Sie können aber auch das rohe Getreidekorn nehmen, dafür jedoch längere Kochzeiten berücksichtigen.

Zutaten für 1 Portion
3 EL Getreideflocken (z.B. Haferflocken, alternativ 1 EL Reis) • Meersalz
Zubereitung
Die Getreideflocken mit 150 Milliliter Wasser und dem Meersalz in einem Topf zum Kochen bringen und bei leichter Hitze 5–10 Minuten weich kochen. Bei Verwendung von Reis benötigt die Suppe etwa 15 Minuten Kochzeit (eignet sich besser in größerer Menge).

Karottensuppe

Karotten sind leicht verdaulich, stuhlregulierend und schmecken angenehm süßlich. Das Meersalz liefert wertvolle Elektrolyte. Sie können Ihrem Kind die Suppe mehrmals über den Tag verteilt geben. Im Kühlschrank aufbewahrt, hält sie sich auch noch bis zum nächsten Tag.

Zutaten für 1 Liter
500 g Karotten • 3 g Meersalz
Zubereitung
Die Karotten schälen und in kleine Würfel schneiden. Mit einem Liter Wasser zum Kochen bringen und 10–15 Minuten weich kochen. Die Suppe pürieren und auf einen Liter mit Wasser auffüllen. Das Meersalz unter Rühren hinzufügen.

Bevorzugt Ihr kleiner Patient eher Süßes, können Sie der Getreideschleimsuppe eine halbe klein gewürfelte Banane hinzufügen und diese noch kurz mitgaren. Zucker oder Honig allerdings sollten Sie vermeiden.

Bei Magen- und Darmerkrankungen nicht geeignet sind unverdünnte Säfte, Limonaden und kohlensäurehaltige Getränke. Der Mythos Cola und Salzstangen ist bei Kindern ebenso ungeeignet, da Colagetränke zu viel Zucker, zu wenig Elektrolyte und außerdem einen für Kinder zu hohen Koffeingehalt haben. Der hohe Zuckergehalt kann außerdem eine Durchfallerkrankung noch verstärken.

Rohapfeldiät

Die im Apfel enthaltenen Pektine schützen die Darmschleimhaut und binden Giftstoffe. Geben Sie Ihrem Kind bis zu fünf Portionen frisch zubereitet über den Tag verteilt.

Zutaten für 1 Portion
100 g säurearmer Apfel, z. B. Jonagold • 1 EL zartblättrige Haferflocken

Zubereitung
Den Apfel waschen, das Kerngehäuse entfernen und das Fruchtfleisch mit der Schale auf einer Küchenreibe sehr fein reiben. Die Haferflocken unterrühren. Vor dem Verzehr eventuell noch einige Minuten quellen lassen.

Schonkost-Kartoffelbrei

Kartoffeln sind gut sättigend und leicht verdaulich. Der Kartoffelbrei wird zunächst nur mit Wasser und Salz zubereitet, bei beginnender Besserung kann er dann mit etwas Milch oder Butter angereichert werden.

Zutaten für 1 Portion
150 g Kartoffeln • Meersalz
Zum Anreichern: 25 ml Milch • ½ TL Butter

Zubereitung
Die Kartoffeln waschen. Wasser zum Kochen bringen und die Kartoffeln 25 Minuten weich garen. Anschließend abgießen, die Kartoffeln pellen und noch heiß durch die Kartoffelpresse drücken. Das Meersalz in ca. 25 ml Wasser auflösen und mit einem Schneebesen unter die Kartoffeln schlagen.

Zwieback-Bananen-Brei

Der Kinder-Klassiker bei Magen-Darm-Verstimmungen. Bananen sind kaliumreich, sehr nahrhaft und zudem leicht stopfend, der Zwieback sorgt für leicht verdauliche Sättigung.

Roh geriebene Äpfel sind ein hervorragendes Hausmittel bei leichtem Durchfall. In gekochter Form allerdings wirken Äpfel eher stuhlauflockernd.

Zutaten für 1 Portion
1 Banane • 1 Spritzer Zitronensaft • Meersalz • 1 Zwieback
Zubereitung
Die Banane schälen und zusammen mit dem Zitronensaft und einer Prise Meersalz mit einer Gabel zu feinem Mus zerdrücken. Den Zwieback fein zerbröseln und unter die Banane mischen. Nach Geschmack kurz einweichen lassen.

ORT-Lösung

Die Orale Rehydratationslösung sorgt für eine schnelle Versorgung mit lebensnotwendigen Elektrolyten und Flüssigkeit. Der enthaltene Zucker fördert die Aufnahme der Mineralstoffe. Geben Sie von der Lösung über den Tag verteilt 3–5 Gläser à 150–200 ml, vor allem nach jedem Stuhlgang. Sie können die Lösung auch löffelweise über den Tag verteilt verabreichen.

> Fertige ORT-Lösungen im Beutel zum Auflösen bekommen Sie in jeder Apotheke. Sie sollten idealerweise in jeder Hausapotheke griffbereit sein.

Zutaten
30 g Traubenzucker • ½ TL Meersalz • 250 ml Orangensaft
Zubereitung
Zucker, Salz und den Saft in einem Liter frisch abgekochtem Leitungswasser oder dünnem Tee auflösen.

Hafermilchkakao

Hafermilch enthält viele wertvolle Mineralstoffe, ist leicht verdaulich und schmeckt außerdem angenehm süß. Zusammen mit dem stopfenden Kakaopulver ein wohlschmeckendes Getränk, das sowohl warm als auch kalt zu empfehlen ist.

Zutaten für 1 Portion
200 ml Hafermilch • 1 TL Kakaopulver, stark entölt • Meersalz • 1 TL Zucker • 1 Msp. Bourbon-Vanillepulver
Zubereitung
Die Hafermilch nach Belieben erwärmen. Kakaopulver, eine Prise Meersalz, Zucker und Vanillepulver in der Milch auflösen.

Hilfe bei Verstopfung

Bei häufiger oder chronischer Verstopfung spielen neben der Ernährung oft psychische Faktoren, wie seelische Belastung, Stress, ein ungeregelter Tagesablauf oder ein zu frühes und unter Druck ausgeübtes Sauberkeitstraining, eine Rolle.

Der Rhythmus der Stuhlentleerung ist bei jedem Kind individuell unterschiedlich. Schon im Säuglingsalter ist eine Frequenz von mehrmals täglich bis alle paar Tage normal und unbedenklich. Eine hartnäckige Verstopfung kann Kindern jedoch zusetzen, nicht selten kommt es zu unangenehmen Darmspasmen und Schmerzen beim Stuhlgang. Aus Angst davor wird der Stuhl weiter zurückgehalten und die Verstopfung verfestigt sich. Nicht selten helfen am Schluss nur noch ein Klistier oder ein Einlauf zur erfolgreichen Darmentleerung.

Aus Ernährungssicht spielen ein zucker- und weißmehlreiches, ballaststoffarmes und einseitiges Essverhalten, der übermäßige Verzehr stopfender Lebensmittel und eine zu geringe Flüssigkeitsaufnahme eine Rolle.

Als erste wichtige Maßnahme bei Verstopfung erfolgt eine Überprüfung des Trinkverhaltens. Bieten Sie Ihrem Kind regelmäßig über den Tag verteilt 100–150 Milliliter zu trinken an.

Um Verstopfung vorzubeugen, sollte im Alltag darauf geachtet werden, dass ausreichend ballaststoffhaltige pflanzliche Lebensmittel gegessen werden.

Als Grundlage der Ernährung sollten ballaststoffhaltige pflanzliche Lebensmittel wie Vollkornprodukte, Gemüse und Obst gewählt werden. In Kombination mit ausreichender Flüssigkeitszufuhr quellen die Ballaststoffe im Magen-Darm-Trakt und führen so zu einer besseren und regelmäßigen Darmentleerung.

• Auch gesäuerte Milchprodukte wie Joghurt oder Buttermilch wirken sich positiv auf die Darmflora aus. Ein Teelöffel Milchzucker in Joghurt oder Obstmus eingerührt, unterstützt ebenso die natürlichen Darmbakterien.
• Gekochtes Apfel- oder Birnenkompott, eingeweichte Trockenfrüchte (ungeschwefelt!) und gequollene Leinsamen sind ebenso bewährte Hilfsmittel.
• Auch milchsauer vergorene Säfte und Gemüse, wie z. B. Sauerkraut, können eine gute Hilfe bei häufiger Verstopfung sein.

Ernährung in besonderen Situationen

Rezepte bei Verstopfung

Birchermüsli

Das Originalrezept nach Bircher-Benner enthält gezuckerte Kondensmilch. Ich bevorzuge die verdauungsfördernde und gesündere Variante mit frischem Naturjoghurt. Wer möchte, kann das Müsli mit frischen Orangenstücken, Beeren, verschiedenen Nüssen, Schlagsahne oder einem Teelöffel Leinöl aufpeppen.

Zutaten für 1 Portion
1 EL Haferflocken • 2 TL Rosinen, ungeschwefelt • 1 TL Leinsamen • 50 g Naturjoghurt • 100 g Apfel • 1 TL flüssiger Honig • 1 Spritzer Zitronensaft

Zubereitung
Haferflocken, Rosinen, Leinsamen (am besten frisch geschrotet) und Joghurt mit 50 Milliliter Wasser verrühren und mindestens 30 Minuten quellen lassen (ideal über Nacht im Kühlschrank). Den Apfel waschen, das Kerngehäuse entfernen und das Fruchtfleisch mit der Schale auf einer Küchenreibe reiben. Das Apfelmus mit dem Honig und dem Zitronensaft unter das Müsli rühren.

Buttermilchkaltschale

Johannisbeeren enthalten viel verdauungsförderndes Pektin, die Buttermilch und der Naturjoghurt helfen mit ihren Milchsäurebakterien unserer Darmflora auf die Sprünge. Wer es gerne knusprig mag, kann ein paar zerbröselte Vollkornkekse oder zerbröselten Vollkornzwieback unterheben.

Zutaten für 1 Portion
50 g Johannisbeeren • 50 ml Buttermilch • 100 g Naturjoghurt • 3 TL Zucker • 1 Msp. Bourbon-Vanillepulver • abgeriebene Schale von ½ Biozitrone • 2 TL Weizenkleie

---

Bei Verstopfung optimal sind stilles Wasser, dünner ungesüßter Fenchel-Anis-Kümmel-Tee oder stark verdünnter naturtrüber Apfelsaft (im Verhältnis 1 Teil Saft : 4 Teilen Wasser). Nicht geeignet sind schwarzer Tee und Kakao, diese wirken gegenteilig und verstärken eine Verstopfung.

Zubereitung
Die Johannisbeeren waschen und verlesen. Ein paar Beeren beiseitelegen. Mit dem Stabmixer zusammen mit den restlichen Zutaten pürieren. Die Kaltschale mit den frischen Beeren dekorieren.

Pflaumendrink
Ein Frucht-Smoothie, der es in sich hat. Eisgekühlt ein Genuss besonders an warmen Tagen! Besonders fein mit einem Klecks Sahne und etwas Zimtzucker obenauf!

Zutaten für 1 Portion
50 g Birne • 50 g frische Pflaume, entsteint • 2 getrocknete Pflaumen, ungeschwefelt • 100 ml Sauermilch oder Schwedenmilch • 2 TL Zucker • Zimtpulver • 50 ml Mineralwasser • Eiswürfel nach Belieben

Zubereitung
Die Birne waschen und das Kerngehäuse entfernen. Das Obst und die Trockenpflaumen in Stücke schneiden und zusammen mit der Sauermilch, dem Zucker und einer Prise Zimt mit dem Stabmixer fein pürieren. Mit dem Mineralwasser aufgießen, eventuell Eiswürfel dazugeben und umrühren.

Variation: Nehmen Sie statt Pflaumen frische und getrocknete Aprikosen und ersetzen Sie das Zimtpulver durch eine Prise Bourbon-Vanillepulver.

Weitere empfehlenswerte Rezepte aus dem Buch
Knackiges Rohkostfrühstück
(Seite 38)
Herzhafte Krautkrapfen
(Seite 57)
Karotten-Apfel-Brötchen
(Seite 95)
Erdmandel-Dinkel-Butterkekse
(Seite 90)

Nahrhafte Kost bei Appetitlosigkeit und in der Rekonvaleszenz

Eine vorübergehende Appetitlosigkeit kennzeichnet die meisten Kinderkrankheiten und ist völlig unbedenklich. Auch das phasenweise Streiken bei bestimmten Nahrungsmitteln und Gerichten ist ganz normal und gehört zur Persönlichkeitsentwicklung dazu (siehe Kapitel »Kochen für Meckermäuler«, Seite 122 ff.). Dauert die Essflaute allerdings längere Zeit an und wirkt das Kind blass, müde und antriebslos muss der Grund dafür abgeklärt werden.

Bei Kindern mit wenig Appetit steht vor allem die ausreichende Versorgung mit allen essentiellen Nährstoffen im Vordergrund. Deshalb muss die Nahrung ausgewogen zusammengestellt werden. Schön präsentiert, in übersichtlichen Portionen und nach den Vorlieben des Kindes angerichtet, bilden vollwertige Getreidegerichte, Kartoffeln, frisches Obst und Gemüse, vollfette Milchprodukte, Nüsse, Samen und native kaltgepresste Pflanzenöle die Grundlage der täglichen Ernährung. Je nach Lust und Laune wird mit hochwertigem Fleisch, Fisch, Eiern oder Hülsenfrüchten ergänzt.

»Leere« Kalorien in Form von raffinierten Weißmehlen, Zucker und Süßigkeiten sollten trotzdem die Ausnahme bilden. Appetitanregend sind Gerichte mit frischen Kräutern wie Basilikum, Kresse, Schnittlauch, diese regen mit ihren Aroma- und Bitterstoffen sanft die Verdauung an und peppen jedes Gericht auch optisch auf.

Älteren Kindern ab vier Jahren können Sie dünn aufgegossenen Pfefferminz- oder Ingwertee zu trinken geben oder kandierten Ingwer zum Lutschen. Beachten Sie, dass alle Arzneitees nur über einen beschränkten Zeitraum von maximal zwei bis drei Wochen genossen werden sollten.

Bleiben alle Versuche erfolglos, besprechen Sie sich mit Ihrem Kinderarzt/Ihrer Kinderärztin oder einer erfahrenen Ernährungsberaterin, ob eine energetische Anreicherung der Speisen, beispielsweise mit Maltodextrinpulver, sinnvoll ist.

> Bieten Sie zum Naschen frisches Obst, ungeschwefelte Trockenfrüchte, selbst gemachtes Sahnequarkeis, Vollwertgebäck und energiereiche Nüsse an. Beachten Sie, dass kleinere Kinder Nüsse nur in gemahlener Form auf Quark- und Joghurtspeisen, im Müsli oder Gebäck bekommen dürfen.

Kräuter sind nicht nur Dekoration für ein Gericht, sie regen auch die Verdauung an.

Anhang

Rezeptregister

Frühstücksideen
Bananen-Vollkorntoast 43
Birnen-Nusspfannkuchen 42
Birnen-Vollkorntoast 43
Muntermacher-Müsli,
  Warmes 39
Obstsalat, Kunterbunter 40
Rohkostfrühstück,
  Knackiges 38

Feine Süppchen
Kartoffel-Zucchini-
  Lauch-Suppe, Cremige 46
Kürbissuppe, Fruchtige,
  mit Honig 47
Rote-Bete-Süppchen
  mit Räucherlachs 44

Vegetarische Hauptspeisen
Apfelkrapfen 57
Brokkoli-Kartoffel-Taler,
  Knusprige 55
Hirse-Küchlein
  mit Kohlrabigemüse 54
Kartoffel-Gemüse-Gratin,
  Schmackhaftes 50
Kartoffel-Kürbis-
  Reibekuchen 56
Käsespätzle, Bunte,
  »Tricolore« 52
Krautkrapfen, Herzhafte 57
Ofenkartoffeln, Gefüllte 49
Spaghetti mit Tomatensauce 51

Hauptgerichte mit Fleisch
Gemüse-Fleischküchle,
  Leckere 65
Hähnchenschenkel
  mit Ofenkartoffeln 58
Kalbsgeschnetzeltes mit
  Gartenbohnen und Reis 62
Lasagne 61
Putenschmorbraten 60
Schnitzelchen im Sesam-
  Brezel-Mantel 64

Fischgerichte
Bandnudeln mit Zucchini-
  Lachs-Sauce 69
Fischtöpfchen 66
Kabeljau mit Tomaten-Brösel-
  haube und Brokkolireis 71
Lachs-Fischstäbchen
  in Zwiebackpanade 68

Süße Hauptspeisen
Haferflockenauflauf 72
Kürbisschmarrn, Saftiger 73
Milchreis-Quark-Auflauf
  mit Zwetschgenmus 74

Feine Nachtische, Snacks und Knabbereien

Birnentiramisu für kleine Naschkatzen 76
Biskuit mit Himbeer-Joghurt-Creme im Glas 83
Grießpudding mit heißen Kirschen 81
Heidelbeer-Holunder-Joghurt-Crème 77
Kokos-Panna cotta mit Mirabellen-Apfel-Mus 78
Mandelmilch-Erdbeer-Kaltschale 80

Für zwischendurch und unterwegs

Apfelstrudel 84
Erdmandel-Dinkel-Butterkekse 90
Karotten-Apfel-Brötchen 95
Mais-Käse-Kipferl, Schnelle 91
Nuss-Rübli-Schnittchen 86
Rosinen-Nuss-Schnecken 89
Sesam-Laugen-Zöpfchen 92
Würstchen im Teigmantel 94
Zucchini-Nuss-Muffins 87
Zwetschgenkuchen 85

Leckeres aus der Kalten Küche

Bulgursalat 96
Kartoffelsalat, Bunter 98
Konfettibrot, Lachendes 103
Nudelsalat mit roten Linsen 97
Rührei-Toast 101
Sommersalat, Fruchtiger 100

Bunte Aufstriche

Avocado-Bananen-Aufstrich 104
Buchweizen-Grünkern-Aufstrich 109
Karotten-Buttercreme 105
Kokos-Aufstrich 112
Linsen-Curry-Aufstrich, Exotischer 108
Rote-Bete-Apfel-Aufstrich 107
Tomaten-Mozzarella-Mus 110

Basics

Grießklößchen 118
Nudelteig 119
Pfannkuchen 117
Vanillesauce 113
Würzsalz 114
Zauberzucker 115

Außergewöhnliche Ideen
Fliegenpilz 127
Gemüsekrokodil 126
Gurkenschlange 126

Drinks
ACE-Drink 128
Bananen-Vanille-Milch 129
Beeren-Shake,
 Bärenstarker 129
Mango-Karotten-Lassi 129
Popeyes Powertrunk 128

Für das kranke Kind
Birchermüsli 137
Buttermilchkaltschale 137
Getreideschleimsuppe 133
Hafermilchkakao 135
Karottensuppe 133
ORT-Lösung 135
Pflaumendrink 138
Rohapfeldiät 134
Schonkost-Kartoffelbrei 134
Zwieback-Bananen-Brei 135

Stichwortregister

Appetitlosigkeit 139 f.
Ballaststoffe 24, 27, 136
Beikost 16
Beikostzeit 9, 18
Body-Mass-Index, BMI 10
Breizeit 9
Demeter-Milch 29 f.
Eier 14, 16, 27, 30 f., 139
Endorphine 15
Energie 11, 12 f., 16, 24, 27 f.,
 32, 35, 38 f., 131
ESL 28 f.
Fertigprodukte 14, 16, 23, 32
Fett(e) 11 f., 23, 27, 30, 32,
 35, 125
Fettgehalt 27 f., 30 f.
Fettsäure 23 f., 27, 30, 90
Fettsäureprofil 23
Fingerfood 18
Fisch 14, 27, 32, 120, 123,
 131, 139
Fleisch 14 f., 27, 31, 131, 139
Gebäck 16, 35, 139
Geflügel 31, 131
Gemüse 14 f., 17, 19 f., 21 ff.,
 32, 120 ff., 131 ff.
Geschmacksprägung 16
Getränke 14, 30, 32 f., 34 f.,
 128, 131 f.
Getreideprodukte 14, 24 f.

Homogenisieren 29
Hülsenfrüchte 27, 139
Kohlenhydrate 11 f. 16, 133
Linolensäure, konjugierte 27
Magen-Darm-Infekt 132 ff.
mere exposure effect 17, 123, 125
Milch 14 ff., 27 ff., 34, 128 ff., 137 f.
Milchprodukte 14, 16, 27 ff., 35, 131 f., 139,
Mineralstoffe 10, 21 ff., 26 ff., 34 f., 90, 131, 133, 135
MSC-Siegel 32
Nährstoffzufuhr
 Referenzwerte 11 f.
Nüsse 21, 23, 26 f., 137, 139
Obst 14 ff., 19 ff., 23, 121, 124, 126 f., 131 f., 136, 138 f.
Omega-3-Fettsäuren 27, 32, 66, 68
ORT-Trinklösung 132, 135
Pasteurisieren 28 f.
Perzentilkurven 10
Pflanzenöle 14, 21, 23 f., 139
Pflanzenstoffe, Sekundäre 131
Regenbogenfarben 21
Rekonvaleszenz 139 f.
Rohmilch 30
Samen 21, 23, 26 f. 136 f., 139

Sättigung, spezifisch-sensorische 125
Schonkost 131 ff.
Süßigkeiten 14, 34, 131
System, limbisches 15
Ultrahocherhitzen 29
Verstopfung 136 ff.
Vitamine 10, 21 f., 23 f., 26 f., 28, 30, 33, 35, 40, 128, 131
Vorzugsmilch 28 f.
Wurst 31, 131

Impressum

© 2013 by Südwest Verlag, einem Unternehmen der Verlagsgruppe Random House GmbH,
81673 München
Die Verwertung der Texte und Bilder, auch auszugsweise, ist ohne Zustimmung des Verlags urheberrechtswidrig und strafbar. Dies gilt auch für Vervielfältigungen, Übersetzungen, Mikroverfilmung und für die Verarbeitung mit elektronischen Systemen.

Hinweis
Die Ratschläge/Informationen in diesem Buch sind von Autorin und Verlag sorgfältig erwogen und geprüft; dennoch kann eine Garantie nicht übernommen werden. Eine Haftung der Autorin bzw. des Verlags und dessen Beauftragten für Personen-, Sach- und Vermögensschäden ist ausgeschlossen.

Bildnachweis
Fotografie und Styling:
Maike Jessen, Hamburg
Foodstyling:
Diane Dittmer, Hamburg
mit Ausnahme von: Alamy: 8 (Imageproduction International), 130 (Agencja FREE); Corbis: 2 (Tetra Images), 6 (Kate Mitchell), 13 (Westend61/Tom Chance), 19 (Science Photo Library/Tek Image), 20 (the food passionates/Johannes Rodach), 25 (Westend61/Rainer Berg), 26 (cultura/Emely), 28 (Ocean), 122 (Westend61/Sarah Monte); Getty Images: U1 (Foodcollection/RF), 22 (STOCK4B), 30 (Digital Vision/Caroline Schiff), 33 (Flickr Open/Thanasis Zovoilis), 36 (StockFood Creative/Sandra Trutzl), 124 (LOOK/ Roetting/Pollex); Shutterstock: 4 (Alena Ozerova), 11 (happykanppy), 132 (Stanislaw Tokarski), 136 (Zaneta Baranowska), 139 (Teresa Kasprzycka)
Illustrationen: Katja Muggli

Redaktionsleitung: Susanne Kirstein
Projektleitung: Sonia Gembus
Producing und Redaktion:
Ria Lottermoser
Bildredaktion: Annette Mayer
Korrektorat: Mischa Gallé
Umschlaggestaltung: *zeichenpool, Milena Djuranovic, München
Layout: Katja Muggli
Grafik und Satz:
Elisabeth Petersen, München
Litho: Artilitho snc, Lavis (Trento)
Druck und Verarbeitung:
Alcione, Lavis (Trento)

Printed in Italy

Verlagsgruppe Random House FSC® N001967
Das für dieses Buch verwendete FSC®-zertifizierte Papier *Profimatt* wurde produziert von Sappi Alfeld, Ehingen.

ISBN: 978-3-517-08882-2
9817 2635 4453 6271